Elisabeth Vaupel

Gewürze

Acht kulturhistorische Porträts

Deutsches Museum

Über die Autorin

Elisabeth Vaupel, geb. 1956, Dipl.-Chem., Dr. rer. nat., ist seit 1989 Leiterin der Abteilung Chemie des Deutschen Museums.

Danksagung

Herzlich danken möchte ich dem Teubner Foodstudio (Füssen), der Firma Truw Arzneimittel Vertriebs GmbH (Gütersloh), Peter Lemke (Hamburg), Michael Rendlen (Stuttgart) und Birgit Breitkopf (München) für die kostenlose Bereitstellung von wunderbarem Bildmaterial. Prof. Dr. Otto Krätz, Prof. Dr. Fritz Eiden, Elisabeth Jäckle, André Judä und meine Kollegen in der Bibliothek, der Bildstelle und im Photoatelier des Deutschen Museums haben auf vielerlei Weise zum Zustandekommen dieses Buches beigetragen. Auch dafür herzlichen Dank.

Die Deutsche Bibliothek – CIP-Einheitsaufnahme
Ein Titeldatensatz für diese Publikation ist bei der Deutschen Bibliothek erhältlich
ISBN 3-924183-85-6

© 2002 Deutsches Museum
Redaktion, Umschlag, Satz und Gestaltung: Alex Klubertanz
Reproduktionen, Druck und Bindung: Longo Group, Bozen
Gedruckt auf GardaPat
Gesetzt aus der Stempel Garamond, der Thesis Sans und der Thesis Serif

Elisabeth Vaupel

Gewürze

Acht kulturhistorische Porträts

Deutsches Museum

Einleitung 5

Safran
Luxusgewürz, Farbstoff, Arzneimittel und Duftstoff 10

Pfeffer
Gewürz und Arzneimittel zu gepfefferten Preisen 26

Nelken
Das Gold, das auf den Bäumen wächst 52

Muskat
Muskatnuss und Macis: zwei Gewürze von einer Pflanze 70

Zimt
Ein aromatisches Stück Rinde 88

Ingwer
Heil- und Gewürzpflanzen aus der Familie der Ingwergewächse 102

Chili
Scharfe Schoten aus der Neuen Welt 114

Vanille
Seit 500 Jahren begehrtes Gewürz aus Mittelamerika 128

Literatur 142

Eine Gewürzausstellung im Deutschen Museum? Das scheint eher ein Thema für einen Botanischen Garten oder ein kulturhistorisches Museum zu sein. Dennoch haben Gewürze auch in einem naturwissenschaftlich-technischen Museum ihren Platz. Sie gehören zu den ältesten Arzneipflanzen der Menschheit und enthalten viele physiologisch und pharmazeutisch wirksame Inhaltsstoffe. Beim Verzehr eines Pfeffersteaks oder Paprikagulaschs ist uns das heute meist nicht mehr bewusst, selbst dann nicht, wenn wir bei einem scharf gewürzten Chili con carne ins Schwitzen kommen. Eben weil sie als Arzneimittel galten, waren sie von der Antike bis weit ins 17. Jahrhundert hinein begehrte Speisezutaten. Durch ihre reichliche Verwendung wollte man nicht nur seinen Status demonstrieren, sondern auch den bis weit in die Neuzeit hinein geltenden, auf der antiken Elementen- und Viersäftelehre basierenden Vorstellungen einer gesunden Lebensweise entsprechen. Da es im Krankheitsfall früher so wenig wirksame Behandlungsmöglichkeiten gab, war die tägliche Gesundheitsvorsorge für unsere Vorfahren sehr wichtig, vielleicht sogar wichtiger als für uns. Nach dem Grundsatz »Ein guter Koch ist ein halber Arzt« fand sie zum großen Teil in der Küche statt.

Was ist ein Gewürz?

Im 20. Jahrhundert verschwanden viele Gewürze aus den Pharmakopöen. Seitdem haben die einst so multifunktionell gebrauchten Pflanzen, die jahrhundertelang Arzneimittel, Duftstoff, würzende Speisezutat und Textilfarbstoff in einem waren, nur noch die Funktion eines banalen Geschmacksverbesserers. Der Zeitpunkt ihres Bedeutungsverlustes fällt nicht zufällig in jene Epoche, in der sich in der westlichen Welt eine naturwissenschaftlich orientierte Chemie und Pharmazie entwickelte. Heute bevorzugt man Medikamente mit einer hochselektiven, auf einen Rezeptor oder ein Symptom gerichteten Wirkung, die mess- und überprüfbar sein soll. Gesucht sind pharmazeutische Präparate, die aus möglichst wenigen, am liebsten nur einer einzigen medizinisch wirksamen Komponente bestehen.

Die Wirkung pflanzlicher Arzneimittel ist, da körpereigene Regulationssysteme oft nur allgemein angeregt oder gedämpft werden, häufig recht unspezifisch, außerdem enthalten sie immer viele verschiedene Substanzen, deren Wirkung häufig nicht unmittelbar mess- und zuordenbar ist. Immer wenn das der Fall war, wurden sie aus dem Arzneimittelschatz gestrichen. Häufig konnte die Wirkung bestimmter, gerade auch in der außereuropäischen Medizin benutzter Gewürze mit modernen wissenschaftlichen Methoden jedoch bestätigt und erklärt werden.

»Gewürze sind Teile einer bestimmten Pflanzenart, die wegen ihres natürlichen Gehaltes an Geschmacks- und Geruchsstoffen als würzende oder geschmacksgebende Zutaten zum Verzehr geeignet und bestimmt sind«, so heißt es im *Deutschen Lebensmittelbuch*. Aus dieser Definition folgt, dass Gewürze immer pflanzlicher Natur sind. Salz, das mineralischen Ursprungs ist, ist demnach keines, ebenso wenig Speisesenf, der zwar aus Senfsamen, aber auch aus anderen, nicht pflanzlichen Ingredienzien, wie Essig und Salz, zubereitet wird. Außerdem muss eine Pflanze spezielle Inhaltsstoffe wie ätherische Öle, Bitter-, Scharf- und Gerbstoffe, organische Säuren, Alkaloide, Glykoside, Antioxidantien und andere Substanzen in außergewöhnlich hohen Konzentrationen enthalten, um als Gewürz-, Arznei- und Duftstoffpflanze zählen zu können.

Einleitung

Obwohl es viele verschiedene Typen von Pflanzeninhaltsstoffen gibt, kommen in den meisten Pflanzen nur wenige davon vor. Von den etwa 345 000 Pflanzenarten der Erde enthalten nur ca. 2300, also weniger als ein Prozent, ätherische Öle. Viele davon sind Gewürz- und/oder Arzneipflanzen. Ätherische Öle – chemisch betrachtet komplex zusammengesetzte Vielstoffgemische – sind die Duftstoffe, die Aromaträger der Pflanze. Sie verdunsten sehr leicht und haben oft beträchtliche Wirkungen auf unseren Körper. Viele stimulieren die Verdauung, wirken gegen Blähungen, sind keimtötend und entzündungshemmend, regen Herz-, Kreislauf- und Nierentätigkeit an und fördern die lokale Durchblutung. Bei massiver Überdosierung, die allerdings nur auftreten kann, wenn man medizinische Tees oder ähnliche Zubereitungen über einen zu langen Zeitraum hinweg und im Übermaß einnimmt, kann es allerdings auch zu unerwünschten Nebenwirkungen und allergischen Reaktionen kommen. Antibakteriell wirkende Inhaltsstoffe und fettstabilisierende Antioxidantien, die in bestimmten Gewürzen enthalten sind, tragen dazu bei, Speisen haltbarer zu machen.

Ätherische Öle und die anderen speziellen Inhaltsstoffe, die eine Pflanze zur Gewürzpflanze machen, finden sich oft nur in ganz bestimmten Pflanzenteilen. Folglich gibt es ausgesprochene Blatt- oder Stängelgewürze (Dill, Lorbeer), Frucht- und Samengewürze (Vanille, Chili), Blüten- oder

Bei einem niederländischen Gewürzkrämer, *Gemälde von Willem von Mieris (1662–1747). Photo: Mauritshuis, Den Haag*

Blütenteilgewürze (Nelke, Safran), Rindengewürze (Zimt), Rhizomgewürze (Ingwer) und Zwiebelgewürze (Knoblauch). Manchmal kommen die aromatischen Inhaltsstoffe aber auch in mehreren Pflanzenteilen zugleich vor. Dann dienen durchaus auch verschiedene Teile ein und derselben Pflanze als Gewürz. Das ist häufig bei Doldenblütlern der Fall, z. B. bei Sellerie, wo Kraut, Früchte und Wurzeln in der Küche verwendet werden.

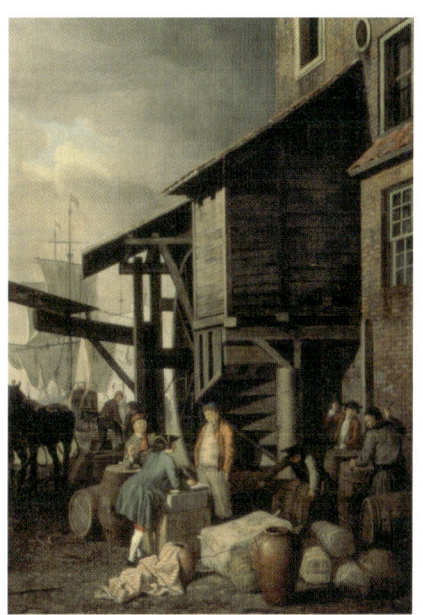

Sehr häufig enthalten botanisch verwandte Pflanzen ähnliche oder gar dieselben Inhaltsstoffe. Das erklärt, warum Gewürze in einigen Pflanzenfamilien gehäuft auftreten und andere wiederum überhaupt keine Gewürz-, Arznei- oder Duftstoffpflanzen stellen. Typische Gewürzpflanzenfamilien sind Lippenblütler (Thymian, Salbei), Liliengewächse (Zwiebel, Knoblauch), Doldenblütler (Dill, Fenchel) und Ingwergewächse (Ingwer, Gelbwurz).

Was schmecken soll, muss duften

Unsere gängigen Lebensmittel (z.B. Milch, Fleisch, Getreide, ungeröstete Kaffeebohnen) würden, wenn man sie nicht durch Kochen, Braten, Backen, Rösten, Fermentieren, Vergären usw., also im Wesentlichen durch thermische und/oder mikrobiologische Prozesse zu Brot, Bier, Käse, Yoghurt,

Altes Zollhaus *an Londons Ostindien-Kai, Gemälde von Samuel Scott (1710–1772) aus dem Jahre 1756. Photo: The Art Archive, London*

Röstkaffee und Ähnlichem veredelte, relativ fade schmecken. Der Grund hierfür ist, dass die Konzentration leicht flüchtiger Verbindungen – nur die können wir riechen – in einem naturbelassenen Lebensmittel normalerweise gering ist. Da unser Geschmackssinn im Gegensatz zu unserem Geruchssinn relativ grob ist – wir unterscheiden mit der Zunge im Wesentlichen nur die vier Geschmacksqualitäten süß, sauer, salzig und bitter –, sind wir beim Schmecken in extremem Maß auf unsere relativ feine Nase angewiesen, die je nachdem, welches Training sie durchlaufen hat, 2000 bis 4000 verschiedene Düfte erkennen kann.

Die Feinheiten eines guten Mahls oder eines edlen Tropfen Weins nehmen wir fast ausschließlich mit unserem Geruchssinn wahr. Das Aroma eines Lebensmittels wird also durch die Summe der vielen Geruchs- und der wenigen Geschmacksempfindungen bestimmt, die wir während der Nahrungsaufnahme registrieren. Verglichen mit allen nicht durch thermische und/oder mikrobielle Prozesse veredelten Lebensmitteln sind Gewürze mit ihrem hohen Gehalt an ätherischen Ölen sehr reich an flüchtigen, mit der Nase wahrnehmbaren Verbindungen. Darüber hinaus können sie auch noch mit der Zunge wahrnehmbare Geschmacksstoffe enthalten, also Scharfstoffe (z.B. in Pfeffer, Paprika), Bitterstoffe (z. B. in Safran), organische Säuren (z.B. in Tamarinde) und Gerbstoffe (z.B. in Salbei).

Einleitung

Wo wachsen Gewürze?

Gewürzpflanzen wachsen außer in den Polargebieten fast überall auf der Erde. Auffallend viele kommen allerdings aus den Tropen, wo die Zahl der Pflanzenarten generell am größten ist. Mitteleuropa war von Natur aus relativ arm an Gewürzen, so dass der Gewürzhunger der Europäer aus einem naturgegebenen Defizit ihres Lebensraumes resultierte. Die Richtung des Gewürzhandels verlief immer von Asien nach Europa, nie umgekehrt.

Die meisten Gewürzpflanzen wuchsen ursprünglich nur in geographisch eng begrenzten Gebieten. Vier davon spielten in der europäischen Kulturgeschichte eine besonders wichtige Rolle:

▶ das Mittelmeergebiet und der Vordere Orient, wo von Natur aus Gewürze wie Zwiebel, Knoblauch, Basilikum, Estragon, Lorbeer, Minze, Rosmarin, Salbei, Origanum, Petersilie, Kreuzkümmel, Koriander, Stinkasant *(Asa foetida)*, Anis, Fenchel, Kapern und Safran wuchsen.

▶ Indien und Südostasien, die Heimat von schwarzem Pfeffer, langem Pfeffer, Ceylonzimt, Kardamom, Nelken, Muskatnuss und Ingwer.

▶ China, die Heimat von Kassiazimt, Galgant, Sternanis und Szechuan-Pfeffer, wobei nur Kassiazimt und Galgant Handelsartikel der Alten Welt waren.

▶ Amerika. Die hier heimischen Gewürze Vanille, Chili und Piment rückten erst mit der Entdeckung Amerikas (1492) ins Bewusstsein der Europäer.

Die asiatischen Gewürze waren im Vorderen Orient und im Mittelmeergebiet schon zu Zeiten der alten Hochkulturen außerordentlich begehrte Importwaren. Ihre enorme Wertschätzung ist nicht nur mit ihren vielfältigen Nutzungsmöglichkeiten als Arzneimittel, Duftstoff und Speisezutat zu erklären. Gewürze besaßen zeitweise auch immensen ideellen Wert. Aufgrund ihrer Seltenheit, ihres hohen Preises, ihrer exotischen Herkunft und der Tatsache, dass sie nur sozial hoch stehenden Schichten zugänglich waren, eigneten sie sich als prestigeträchtiges Attribut zur sozialen Abgrenzung. Sobald Wissen und Fähigkeiten es erlaubten, machten sich die ersten europäischen Reisenden und Seefahrer selbst auf den Weg in die Herkunftsländer der begehrten Gewürze. Die Suche nach Gewürzen und Gold war eine der wichtigsten Triebkräfte der europäischen Expansion im 15. Jahrhundert. Sie beeinflusste in vielfältiger Hinsicht nicht nur die politische Geschichte, sondern auch die Technik- und Wissenschaftsgeschichte: Geographie, Karto-

▲ **Der Hafen von Neapel** in einer Darstellung aus dem *14. Jahrhundert. Vor der Entdeckung des Seeweges nach Indien verlief die letzte Etappe des Handels zwischen Asien und Europa zwangsläufig über das Mittelmeer. Photo: The Art Archive, London*

▶ **Hafen von Marseille,** *Gemälde von Claude Joseph Vernet (1714–1789) aus dem Jahr 1754. Der Überseehandel mit Gewürzen war untrennbar mit der Eroberung der Weltmeere verbunden. Photo: Musée de la Marine, Paris*

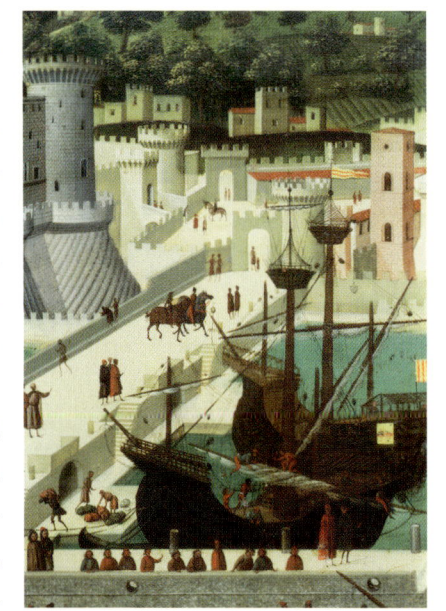

graphie, Schiffbau und Navigationstechnik verdanken dem Gewürzhunger der Europäer wesentliche Impulse. Die Europäer suchten den Weg nach Indien und anderen Gewürz produzierenden Ländern und verschleppten die dort heimischen Gewürzpflanzen schließlich über den ganzen Erdball. Die vom Menschen verursachte Pflanzenmigration nahm schier unglaubliche Dimensionen an: Die Römer brachten ihre mediterranen Gewürz- und Arzneipflanzen nach Mitteleuropa, die Araber die vorderorientalischen nach Nordafrika und Südspanien, ursprünglich asiatische Gewürzpflanzen gelangten im Zuge der europäischen Expansion in die Neue Welt, ursprünglich amerikanische sind heute in Afrika und Asien zu finden. Heute gibt es im Gegensatz zu früheren Jahrhunderten kein Land mehr, das ein Monopol für ein bestimmtes Gewürz besäße. Nach der Entdeckung des Seewegs nach Indien stieg der Gewürzverbrauch in Europa stark an. Langfristig gesehen verloren die Gewürze mit der seit dem 16. Jahrhundert größeren Verfügbarkeit jedoch ihren einstmals exklusiven Stellenwert. Vom 17. Jahrhundert an schoben sich Kaffee, Tee, Schokolade und Zucker als neue prestigeträchtige Genussmittel in den Vordergrund. Sie übernahmen ökonomisch und kulturell die Rolle, die bis dahin die Gewürze spielten.

Im Folgenden werden acht wichtige Gewürze vorgestellt. Ziel war, anhand dieser Beispiele möglichst viele verschiedene Aspekte der spannenden und vielschichtigen Geschichte der Gewürze zusammenzutragen.

Luxusgewürz, Farbstoff,
Arzneimittel und Duftstoff

Safran

Eigentlich verdiente der Safran *(Crocus sativus)* einen Ehrenplatz im Guinessbuch der Rekorde: Mit rund 1000 bis 1500 Euro pro Kilo ist er das weitaus teuerste Gewürz der Welt, gefolgt von Vanille und Kardamom. Und Safran hält noch einen Rekord: Es ist das einzige Gewürz, das jahrtausendelang multifunktionell benutzt wurde: als aromatische Speisezutat, Textil- und Lebensmittelfarbstoff, Duftstoff und Arzneimittel gleichermaßen.

Gewonnen aus einem lila Krokus

Der schon im Altertum extrem teure Safran, ein Gewächs aus der Familie der Schwertliliengewächse *(Iridaceae)*, gehört zur selben Gattung wie die uns bekannten Frühlingskrokusse. Anders als diese blüht er aber erst im Herbst mit schönen, violettfarbenen Blüten. Der Fruchtknoten trägt einen bis zu 10 cm langen Griffel, der in drei lange, orangerote Narbenlappen ausläuft. Nur die Narbenlappen (ohne Griffel!) sind das von uns benutzte Gewürz.

◄◄◄ **Deutlich zu erkennen** *sind die als Gewürz verwendeten drei tief orangeroten, langen Narbenschenkel des Safrankrokus. Gut sichtbar sind außerdem die hellgelben, kleineren Staubgefäße. Photo: Botanik-Bildarchiv Laux, Biberach/ Riss*

◄◄ **Safran ist das einzige Gewürz,** *das aus einer aufgeblühten Blüte stammt. Die aus den Blüten gezupften Narbenschenkel dienen seit dem Altertum als Farbstoff, Gewürz, Arzneimittel und Duftstoff. Beim Herauszupfen muss der hellgelbe Griffelanteil, der die drei orangeroten Narbenlappen zusammenhält, möglichst sorgfältig entfernt werden. Photo: Peter Lembke, Hamburg*

◄ **Safranernte auf der kargen Hochebene** *La Mancha in Kastilien. Anbau und Ernte sind noch nicht maschinisiert. Wenn sich ein Krokusfeld über Nacht in ein lila Blütenmeer entfaltet hat, heißt es früh aufstehen und schnell pflücken, bevor die Sonne die Qualität des Safrans mindert. Photo: Peter Lemke, Hamburg*

In den frühen Morgenstunden, kurz nach dem Aufblühen der Krokusse, müssen die intakten lila Blüten des Safrans gepflückt werden. Der Zeitpunkt ist bewusst gewählt, denn die ätherischen Öle, die leichtflüchtigen Aromastoffe der Pflanze, würden beim Pflücken in der Mittagshitze verfliegen.

Der als Gewürz verwendete Pflanzenteil wird erst zu Hause freigelegt: Dort werden die orangeroten Narbenlappen zusammen mit dem nur schwach gelb gefärbten Griffel aus den lila Blüten herausgezupft; der wertlose, weil keine Aromastoffe enthaltende Griffel wird dabei so sorgfältig wie möglich entfernt, denn die erzielbaren Preise sind umso höher, je weniger Griffelreste der Safran enthält. Die beste Qualität, Safranspitzen genannt, ist sogar völlig frei von Griffelresten. Die Arbeit des Narbenzupfens geschieht in Heimarbeit und in geselliger Runde: In den Anbauländern des Mittelmeerraums, d.h. in Spanien, Italien, Frankreich, Nordafrika, Mazedonien, der Türkei, im Iran, in Pakistan und Indien hilft die Großfamilie und die ganze Nachbarschaft mit. Safran wird heute nur noch in Ländern kultiviert, wo Arbeitskräfte vergleichsweise billig sind. Nur dann rechnet sich der Anbau, der in allen Schritten Handarbeit erfordert.

Angesichts der mühsamen Gewinnung ist der hohe Preis des Safrans nicht verwunderlich: Für ein Kilo Gewürz müssen die Narben aus etwa 150000 Blüten gezupft werden. Gute Pflücker ernten am Tag 60 bis 80 Gramm Safran, bezogen auf das getrocknete Produkt.

Kulturimport der Araber

Der Safrankrokus stammt ursprünglich aus Kleinasien und dem Orient, wo er seit Jahrtausenden kultiviert wird. Obwohl schon die Römer Safrankultu-

Safran

ren in den Abruzzen anlegten, wurde die Pflanze in Süd- und Südwesteuropa erst seit dem 9. Jahrhundert in größerem Umfang angebaut. Dies ist einmal mehr dem nachhaltigen und bereichernden Einfluss der Araber zu verdanken, die in den Jahrhunderten, in denen sie Südeuropa beherrschten, d. h. in der Zeit zwischen dem 8. und dem 15. Jahrhundert, vor allem in Andalusien Kulturen der für sie unverzichtbaren Nutzpflanzen anlegten. Nur selten machen wir uns bewusst, wie stark das mittelalterliche Europa von der arabisch-islamischen Kultur beeinflusst war, die besonders über Spanien weitergegeben wurde.

Gemessen an Bagdad war das frühmuslimische Spanien (al-Andalus) für die Araber, die damals über eine sehr viel höher entwickelte Kultur verfügten als die wenig zivilisierten Westgoten, unattraktiv und provinziell. Durch massiven Kulturimport entwickelten sie die neu eroberten Gebiete zu einer für sie lebenswerten Gegend. Die islamische Kultur hinterließ nicht nur in Bereichen wie Textilhandwerk, Teppichknüpferei, Schmiedehandwerk, Glasbläserei, Miniaturmalerei und Buchbinderei deutliche Spuren. Sie prägte und veränderte ebenso die Vegetation. So waren es die Araber, die damals Palmen, Zuckerrohr, Zitrusfrüchte, Baumwolle, Auberginen, Artischocken, Aprikosen und Reis in Südspanien heimisch machten. Sie brachten auch einige ursprünglich orientalische Arznei- und Gewürzpflanzen mit und begannen sie in Spanien anzubauen, z. B. Kreuzkümmel, Koriander und schließlich Safran. Vom arabischen Einfluss zeugt bis heute die Bezeichnung des letztgenannten Gewürzes, die sich vom arabischen *zaferán* (gelb) ableitet – in der Antike hieß die Pflanze noch *crocus* –, sowie die Tatsache, dass Südspanien damals zu einem bis heute wichtigen Safrananbaugebiet wurde.

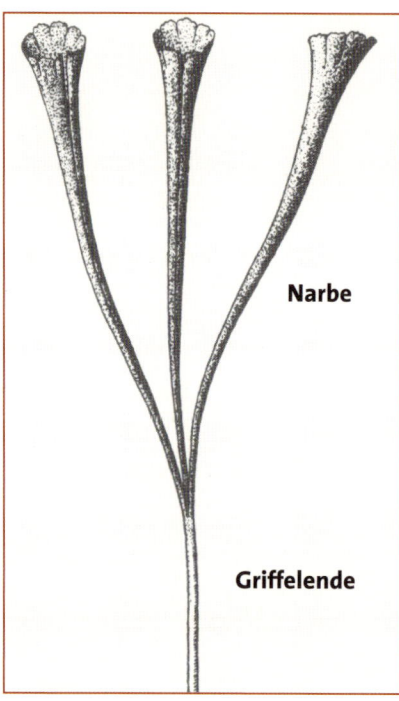

◀ **Darstellung des Safrankrokus** *aus dem Buch* Plantae Medicinales oder Sammlung offizineller Pflanzen *des deutschen Botanikers Christian Gottfried Nees von Esenbeck (1776–1858), Düsseldorf 1828. Safran galt als beruhigend, krampflösend und magenwirksam und wurde als menstruationsauslösendes und Wehen förderndes Mittel eingesetzt. Photo: Deutsches Museum, München*

▲ **Die Narbe der Safranblüte** *besitzt drei tütenförmige, 25 bis 35 Millimeter lange, in lebendem Zustand orangerote Narbenschenkel. In guter Handelsware sind außer den Narben nur Spuren der hellgelben Griffel enthalten. Photo: Deutsches Museum, München*

Ein Blick auf die Inhaltsstoffe

Die Narbenfäden des Safrankrokus sind im frisch geernteten Zustand völlig geruchlos. Die typischen Aroma- und Geschmacksstoffe entwickeln sich erst während eines Trocknungsprozesses, in dessen Verlauf die auf Sieben ausgebreiteten Narben über glühender Holzkohle oder heißer Asche behutsam getrocknet werden. Dieser Aufbereitungsprozess hat gewisse Ähnlichkeiten mit dem der Vanille. Tatsächlich gibt es einen ähnlichen chemischen Grund: Wie in der Vanille, so liegen auch im Safran die entscheidenden Aromastoffe glykosidisch gebunden vor. In der Sprache der Chemiker bedeutet dies, dass sie an Zuckermoleküle gebunden sind. Im Verlauf des künstlich in Gang gesetzten Welkprozesses werden sie vom Zuckerrest, in diesem Fall von Glucose-Molekülen, abgespalten und damit erst beim Trocknen freigesetzt.

Das behutsame Trocknen und Welken bewirkt also zweierlei: einmal bildet sich dabei der stark riechende Aromastoff Safranal, der für den typischen Safranduft verantwortlich ist. Keinesfalls darf man zu hoch erhitzen, denn sonst würde sich das empfindliche Safranal verflüchtigen, das mit 47 Prozent Hauptbestandteil des im Safran mit einem Prozent enthaltenen ätherischen Öls ist. Zum andern bildet sich Picrocrocin (Safranbitter), der geruchlose Bitterstoff des Safrans. Es ist für den bitter-herben Geschmack und die medizinischen Eigenschaften des Gewürzes verantwortlich.

Safran als Duftstoff

Dank seines Gehaltes an wohlriechendem Safranal spielte Safran zeitweise auch als kosmetisches Mittel eine Rolle. Die Römer verarbeiteten ihn zu einem pomadeartigen Parfüm, das sie nach dem darin verwendeten Safrankrokus *crocinum* nannten. Reiche Römerinnen sollen Safran, dessen Duft im alten Rom ebenso populär gewesen sein soll wie der der Rose, als wohlriechenden Haarpuder benutzt haben. Im Mittelalter galt Safran, wie im Übrigen alle stark duftenden Pflanzen, als ein den Geschlechtstrieb steigerndes Aphrodisiakum.

In der modernen Parfümerie spielt Safran keine Rolle mehr. Allerdings ist eine Spur Safranal, das dem Gewürz seinen typischen Duft verleiht, gelegentlich auch in zeitgenössischen blumigen Parfümkreationen enthalten.

Textilfarbstoff und Künstlerpigment

Safran ist – und das war lange Zeit sogar seine Hauptverwendung – einer der ältesten gelben Textilfarbstoffe der Menschheit. In Indien ist die färberische Verwendung des Safrans seit Mitte des 2. Jahrtausend v. Chr. belegt. Safrangefärbte Gewänder gehörten zur Tracht der Perserkönige. Auch die gelben Roben buddhistischer Mönche sollen viele Jahrhunderte lang mit Safran gefärbt worden sein. Als Textilfarbstoff wurde Safran bedeutungslos, als mit dem Aufschwung der Farbstoffindustrie im 19. Jahrhundert billigere synthetische Farbstoffe auf den Markt kamen. Bei den Römern wurde Safran auch als Künstlerpigment verwendet. Buchmalerei-Rezepte zeigen, dass er, mit Zusätzen vermengt, auch noch in den mittelalterlichen Skriptorien als Gelbpigment für kunstvolle Initialen und Miniaturen auf Pergament diente.

Safran enthält Carotinoidfarbstoffe

Die Färbekraft des Safrans beruht auf seinem hohen Gehalt an verschiedenen Carotinoidfarbstoffen, insbesondere an Crocin. Dieses Carotinoid färbt sehr

Safran

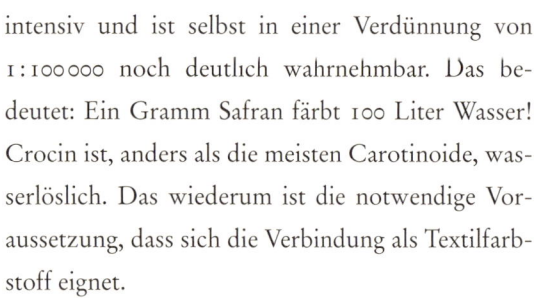

intensiv und ist selbst in einer Verdünnung von 1:100 000 noch deutlich wahrnehmbar. Das bedeutet: Ein Gramm Safran färbt 100 Liter Wasser! Crocin ist, anders als die meisten Carotinoide, wasserlöslich. Das wiederum ist die notwendige Voraussetzung, dass sich die Verbindung als Textilfarbstoff eignet.

Die dem Vitamin A verwandten Carotinoidfarbstoffe sind die wohl am weitesten verbreiteten Farbstoffe im Pflanzenreich. Sie kommen nicht nur im Safran, sondern auch in Karotten, Gewürz- und Gemüsepaprika besonders konzentriert vor. Anders als Crocin sind die meisten Carotinoide jedoch fettlöslich und färben beim Kochen deshalb eher die Fettaugen als die wässrige Suppe.

Crocin war das erste Carotinoid, das die seinerzeit berühmten Naturstoffchemiker Paul Karrer (1889–1971) und Richard Kuhn (1900–1967) 1930 aus Safran isolierten und identifizierten. Diese Arbeiten waren von großer Bedeutung für die Chemie. Obwohl die Carotinoide des Safrans keine Provitamin-A-Aktivität haben, gehören die Forschungen über Crocin in das Umfeld der Erforschung des strukturverwandten Vitamin A und damit in ein Themengebiet, das im ersten Drittel des 20. Jahrhunderts viele Chemiker interessierte. Letztlich trug auch die Erforschung der Carotinoidfarbstoffe des Safrans dazu bei, dass der Deutsch-Österreicher Richard Kuhn 1938 für seine Arbeiten über Carotinoide und Vitamine mit dem Nobelpreis für Chemie bedacht wurde. Sein Schweizer Kollege Paul Karrer hatte diese begehrte Auszeichnung schon ein Jahr

Das viel Geduld erfordernde *Herauszupfen der Narbenlappen geschieht auch heute noch ausschließlich in mühsamer Handarbeit, die man sich, wie hier in Kastilien, aber angenehm zu gestalten weiß: Jung und Alt sitzen beisammen und erzählen. Photo: Peter Lemke, Hamburg*

zuvor bekommen, so dass auch schon 1937 Forschungen über Carotinoide und Vitamine mit einem Nobelpreis honoriert worden waren.

Prestigeträchtiger Lebensmittelfarbstoff

Safran war ein gern verwendeter Lebensmittelfarbstoff, der bis ins 19. Jahrhundert dazu verwendet wurde, Butter, Nudeln, Backwaren und Spirituosen gelb zu färben. Von diesem Brauch zeugt bis heute der Spruch »Safran macht den Kuchen gel (gelb)«. Auch die volkstümlichen Bezeichnungen »Gelbe Würze« oder »Suppengelb« zeugen von seiner einstigen Funktion als Lebensmittelfarbstoff.

Safran ist ein typisches Farbstoffgewürz, das wir nicht nur wegen seines Geschmackes, sondern auch wegen des von ihm hervorgerufenen Farbeindruckes verwenden. Die Lebensmittelindustrie greift heute allerdings meist zu billigeren synthetischen Farbstoffen. Nur wenige hochwertige Alkoholika werden heute noch mit echtem Safran gefärbt, so z.B. der »Schwedenbitter« mancher Hersteller.

Bekanntlich ist der visuelle Eindruck unserer Nahrung psychologisch sehr wichtig: Das Auge isst, wie der Volksmund richtig sagt, immer mit. Es gibt nur wenige Gewürze, bei denen der Übergang zwischen Würzung und Lebensmittelfärbung derart fließend ist wie beim Safran. Als weiteres typisches Farbstoffgewürz wäre die in der asiatischen, nordafrikanischen und nahöstlichen Küche sehr beliebte Curcuma (Gelbwurz) zu nennen, die den meisten Currymischungen und Speisensenfsorten neben dem Aroma auch die charakteristische gelbe Farbe vermittelt, ferner Gewürzpaprika sowie verschiedene grüne Kräuter.

In allen genannten Fällen sind die intensiven, den Appetit stimulierenden Farben bestimmten chemischen Inhaltsstoffen der Gewürzpflanze zu verdanken: Beim Paprika sind es, ähnlich wie beim Safran, verschiedene gelbrote bis rote Carotinoide, im Falle der grünen Kräuter ist es der Blattfarbstoff Chloro-

Die Narbenschenkel *müssen in einem feinmaschigen Sieb über Kohlenglut oder einem Gasöfchen behutsam getrocknet werden. Der Trocknungsprozess trägt dazu bei, die Aromastoffe zu entwickeln, macht das pflanzliche Rohmaterial dank des Wasserentzuges haltbar, gleichzeitig aber auch um vier Fünftel seines Ausgangsgewichtes leichter. Der hier getrocknete Safran hat keine besonders gute Qualität, denn es sind relativ viele gelbe Griffelanteile unter den orangeroten Narbenlappen zu erkennen. Die Ware wirkt fast zweifarbig. Qualitativ hochwertiger Safran ist einheitlich tieforange gefärbt. Photo: Peter Lemke, Hamburg*

Safran

phyll und bei der Curcuma ein Gemisch dreier, chemisch sehr ähnlicher Farbstoffe. Deren mengenmäßig wichtigster, das Curcumin, ist ein zugelassener Lebensmittelfarbstoff, der sich heute hinter dem Kürzel »E 100« verbirgt und zum Färben von Gebäck, Likören, Puddings, Zuckerwaren, Speiseeis und Ähnlichem verwendet wird.

Anders als im Mittelalter spielt Safran in unserer Küche keine große Rolle mehr. Außerhalb des mitteleuropäischen Kulturkreises gibt es aber Gerichte, in denen er die ehemals so wichtige Funktion des Lebensmittelfarbstoffes bis heute erfüllt, beispielsweise das orientalische Reis-Eintopfgericht Pilaw. Auch einige südeuropäische Küchenspezialitäten beinhalten als unverzichtbare Zutat Safran und zeugen so bis heute vom nachhaltigen Einfluss der arabisch-islamischen Kultur auf die Essgewohnheiten Südeuropas. So gibt Safran der provençalischen Bouillabaisse, der spanischen Paella und dem italienischen Risotto nicht nur eine aromatische, leicht bittere Note, sondern vor allem auch eine intensiv gelbe Farbe.

Ein früher oft missbrauchtes Arzneimittel

Auch als Arzneimittel wurde Safran verwendet, wenn auch nicht in gleichem Maße wie als Farbstoff. Der römische Schriftsteller Plinius d. Ä. (23/24–79 n. Chr.) beschrieb Safran in seiner 36 Bände starken *Naturgeschichte*, einem Werk, das einen umfassenden Überblick über das Wissen seiner Zeit bot und bis zum 18. Jahrhundert das maßgebende Handbuch der allgemeinen Naturkunde blieb, als Universalheilmittel, das unter anderem bei Augenentzündungen, Menstruationsbeschwerden, Magengeschwüren und anderen Erkrankungen helfen sollte.

Bis ins 19. Jahrhundert hinein wurde Safran in den Pharmakopöen, den amtlichen Arzneibüchern, als Arzneimittel aufgeführt. Er wurde als Sirup, Tinktur, Salbe oder Pflaster verabreicht, galt als wirksam bei Verdauungsbeschwerden und wurde bei hysterischen Leiden und Gemütsstörungen verschrieben. Er war ein bewährtes Mittel, um die Menstruation auszulösen – diese seinerzeit typische Formulierung implizierte seine potentielle Verwendung als Abtreibungsmittel – und die Wehen zu intensivieren.

In der modernen Schulmedizin hat Safran keinerlei Bedeutung mehr. Nur noch in der Volksheilkunde werden ihm beruhigende und krampflösende Eigenschaften zugeschrieben, doch hält die zeitgenössische Medizin diese Wirkung für nicht belegt. Auch in der Homöopathie wird Safran noch als

Safran, das teuerste Gewürz der Welt, wird, da er im wahrsten Sinne des Wortes mit Gold aufgewogen wurde, auch Rotes Gold genannt. Die in der Probe erkennbaren hellgelben Partikel sind nicht entfernte Safrangriffel. Natürlicher Safran darf zehn bis 30 Prozent Griffelanteile enthalten, wobei er umso minderwertiger wird, je höher der Griffelanteil ist. Photo: Peter Lemke, Hamburg

Mittel gegen Zwischenblutungen während der Schwangerschaft und gegen starke Blutungen nach der Entbindung verwendet.

In größeren Mengen genossen, ist Safran stark toxisch: Die tödliche Dosis liegt bei ca. 20 Gramm. Es wird angenommen, dass Picrocrocin oder dessen Abbauprodukte für die toxischen Effekte verantwortlich sind. Eine Tagesdosis von 1,5 Gramm ist gesundheitlich unbedenklich. Mengen, die diese Grenze überschreiten, können aber bereits zu Vergiftungserscheinungen führen, die typischerweise mit folgenden Symptomen einhergehen: Erbrechen, Uterusblutungen, blutigen Durchfällen, Blutungen der Nasen-, Lippen- und Lidhaut, Schwindelanfällen, Gelbfärbung von Haut und Schleimhäuten. Wegen der erregenden Wirkung auf die glatte Muskulatur des Uterus wurde Safran früher auch als Abtreibungsmittel gebraucht. Da die Wirkung eines Arzneimittels immer dosisabhängig ist, war die Grenze zwischen abtreibenden, geburtsfördernden, nachgeburtsaustreibenden und menstruationsfördernden Mitteln hier wie in anderen Fällen fließend. Die Dosis, die einen Abort herbeiführt, beträgt etwa zehn Gramm.

▶ **Allegorische Darstellung** eines Duftstoffhändlers, Kupferstich um 1700 von Nicolas de l'Armessin. Duftstoffe wurden nicht nur aus Blumen, sondern auch aus Gewürzen, Hölzern, Harzen und aus tierischen Produkten gewonnen. Sie dienten zur Herstellung von Kosmetika und Pomaden und wurden in Duftäpfel gefüllt, an der Kleidung getragene Hohlkugeln. Im 18. Jahrhundert wurden auch Handschuhleder, Fächer und sogar Papier parfümiert. Photo: Photothèque des Musées de la Ville de Paris

▶▶ »**Der bittere Trank**« des niederländischen Genre- und Landschaftsmalers Adriaen Brouwer (1605/06 – 1638). Die unvergleichliche Wiedergabe der Mimik zeigt, dass Bitterstoffe von vielen Menschen als unangenehm schmeckend empfunden werden. Im Pflanzenreich haben die weit verbreiteten Bitterstoffe die Funktion, Fraßfeinde der Pflanzen abzuschrecken. Photo: Städelsches Kunstinstitut, Frankfurt

Bitterstoffgewürze wirken verdauungsfördernd

Safran ist auf Grund seines Picrocrocin-Gehaltes ein typisches Bitterstoff-Gewürz und als solches gelegentlich Bestandteil magenstärkender Mittel, so genannter Magentonika. Auszüge aus Safran sind auch im so genannten Großen bzw. Kleinen Schwedenbitter verschiedener Hersteller enthalten. Dabei

Safran

wird Safran in so geringen Konzentrationen eingesetzt, dass die mögliche toxische Wirkung des Picrocrocins nicht zum Tragen kommt.

Generell gilt, dass pflanzliche Bitterstoffe, die chemisch keiner einheitlichen Stoffklasse angehören, Speichel-, Magensaft- und Gallensekretion sowie die Magenperistaltik stimulieren und dadurch appetitanregend und verdauungsfördernd wirken. Bitterstoffe setzen also einen Mechanismus in Gang, der letztlich zu einer verbesserten Nahrungsausnutzung führt. Leider sind diese für die Verdauung so nützlichen Substanzen heute fast völlig aus unserer Ernährung verschwunden. Während sie früher von Natur aus in vielen Salaten und Wurzelgemüsen enthalten und damit ein integraler Bestandteil unserer Nahrung waren, wurden die als unangenehm empfundenen Bitterstoffe mittlerweile aus vielen pflanzlichen Produkten weggezüchtet: Grapefruits, Chicorée, Rosenkohl, Radicchio, Auberginen oder Artischocken schmecken heute wesentlich weniger bitter als früher.

Die verdauungsfördernde Wirkung der Bitterstoffe wird pharmazeutisch auch heute noch bei der Zusammensetzung von Magentees und medizinischen Bittermitteln genutzt. Für einige Bitterstoffe wird auch eine bakterizide Wirkung beschrieben.

Die nach 1559 entstandene »Bauernhochzeit« *von Pieter Breughel d. Ä. (1525/1530–1569) zeigt, dass auch Bauern es sich bei besonderen Gelegenheiten leisteten, Festspeisen – hier offensichtlich einen Getreidebrei – mit dem seit jeher teuren Safran gelb zu färben. Photo: Kunsthistorisches Museum, Wien*

Bitterstoffhaltige Gewürze, die als Bestandteil von appetit- und verdauungsfördernden Arzneimitteln verwendet werden, sind neben Safran noch Salbei, Beifuß, Sellerie, Basilikum, Rosmarin, Oregano, Thymian und Kalmus (Deutscher Ingwer), eine schilfartige Staude aus der Familie der Aronstabgewächse *(Araceae)*.

Ferner gibt es einige bitterstoffhaltige Gewürze, die in der Küche zwar keine Rolle spielen, wegen ihres bitteren Geschmacks aber gerne zum Würzen gewisser alkoholischer Getränke verwendet werden. So werden Magenbitter, Bitterliköre und Bitterschnäpse gerne mit Enzianwurzel, Wermutkraut, Hopfen und anderen bitter schmeckenden Pflanzen aromatisiert. Derartige Spirituosen sind als Aperitif vor einem üppigen Essen, aber auch dann, wenn man bereits an Völlegefühl leidet, durchaus sinnvoll. Die beste Wirkung entfalten Bitterstoffe jedoch, wenn sie, wie dies in Italien, Spanien und Frankreich üblich ist, etwa eine halbe Stunde vor dem Essen zugeführt werden. Die Sekretion der Verdauungssäfte nimmt dann um etwa 25 bis 30 Prozent zu.

Ernährung und Körpersäfte

Am Beispiel des Safrans wurde deutlich, dass eine Pflanze Arzneimittel und Gewürz zugleich sein kann. Das ist an sich nichts Besonderes und liegt – man denke an die physiologische Wirkung der Bitterstoffe – in der Natur ihrer charakteristischen Inhaltsstoffe.

Gewürze wurden bereits in Antike und Mittelalter nicht nur als wohlschmeckende Speisezutat, sondern immer auch als Heilmittel betrachtet. Die schriftlichen Quellen dieser Zeit lassen erkennen, dass es keine scharfe Grenze zwischen beiden Aspekten gab.

Mehr noch, sie zeigen, dass die medizinisch-pharmazeutische Anwendung der Gewürze jahrhundertelang sogar im Zentrum des Interesses stand.

Essen und Trinken bedeuteten in Antike und Mittelalter weit mehr als reine Nahrungsaufnahme. Vielmehr wurde die Ernährung als Mittel zur täglichen Gesundheitsprophylaxe gesehen.

Nahrungsmittel wurden möglichst in Übereinstimmung mit den gültigen Gesundheits- und Ernährungslehren ausgewählt. Diese standen ihrerseits in der Tradition der Medizin zweier bedeutender griechischer Ärzte, Hippokrates (um 460–370 v. Chr.) und Galen (ca. 130–200 n. Chr.), und basierten auf dem Konzept der Elementen- und Viersäftelehre. Dieses in sich geschlossene System wurde von

Safrankrokus, Miniatur aus der Wiener Handschrift des Tacuinum sanitatis, *um 1410. Die Pflanze ist recht genau dargestellt, die roten Narbenschenkel sind gut zu erkennen. Das* Tacuinum sanitatis *gehört zur im arabischen und lateinischen Mittelalter verbreiteten Gattung der medizinischen Gesundheitslehren. In der Bildlegende wird stichpunktartig dargelegt, wie Safran in das Schema der Elementen- und Viersäftelehre einzuordnen ist und welche Wirkungen er auf den Körper hat. Photo: Österreichische Nationalbibliothek, Wien*

Safran

den Arabern übernommen und durch sie der abendländischen Medizin des Mittelalters vermittelt. Es kann nicht oft genug betont werden, dass die Araber die zivilisatorische Macht waren, die das antike Wissen pflegten, erweiterten und dem Westen schließlich zurückbrachten. Es wird heute oft vergessen, dass das große Erbe hellenistischer Gelehrsamkeit in der islamischen Welt sehr geschätzt wurde. Die Werke von Aristoteles, Platon und deren späteren Bearbeitern hatten große Wirkung auf das theologische, mystische und politische Denken des Islam. Die griechischen Errungenschaften der Mathematik, Astronomie und Optik wurden von den Muslimen erheblich erweitert. Ebenso erweiterten sie die medizinische Lehre Galens, die bis heute in Südasien praktiziert wird und als »griechische Medizin« überliefert ist.

In Europa beeinflusste Galens Elementen- und Viersäftelehre Theorie und Praxis medizinischen Handels bis weit ins 18. Jahrhundert. Erst die 1628 gelungene Entdeckung des Blutkreislaufes führte allmählich zu einer neuen Betrachtungsweise physiologischer Prozesse im menschlichen Körper.

Nach der Elementenlehre stellte man sich die Welt als Verbindung von vier Grundelementen vor: Feuer, Wasser, Luft und Erde. Jedem dieser Elemente wurden bestimmte Qualitäten zugeschrieben: Feuer etwa war heiß und trocken, Wasser kalt und feucht, Luft feucht und heiß, Erde trocken und kalt. Der Mensch wurde als Mikrokosmos aufgefasst, der in sich die Eigenschaften und Elemente des Makrokosmos Welt vereinigte. Der menschliche Körper sollte nun aus vier Kardinalsäften, nämlich Blut, Schleim, gelber Galle und schwarzer Galle bestehen, die ihrerseits den Elementen zugeordnet waren. Der vorherrschende Körpersaft bzw. das vorherrschende Element im Körper eines Menschen erlaubte es, sein Temperament zu bestimmen: er war cholerisch, wenn die gelbe Galle und damit die Qualitäten heiß und trocken überwogen, oder sanguinisch (heiß und feucht; Blut), phlegmatisch (kalt und feucht; Schleim), melancholisch (trocken und kalt; schwarze Galle). Wollte man gesund bleiben, so mussten die Körpersäfte in einem bestimmten Mischungsverhältnis und Gleichgewicht zueinander stehen. Krankheit bedeutete, dass die Säftemischung ins Ungleichgewicht geraten war, wobei zwei Krankheitsursachen entscheidend waren: der Überfluss oder die Verdorbenheit eines Saftes.

Die vier Grundsäfte des Körpers wurden ebenso mit den vier Jahreszeiten, den vier Himmelsrichtungen, den vier Lebensaltern,

Allegorische Darstellung eines épicier, *Kupferstich um 1700 von Nicolas de l'Armessin. Er handelte vorwiegend mit Zucker, Ölen, Gewürzen, Zitrusfrüchten, Nüssen, aber auch, wie man am Käserad als Halskrause sieht, mit Käse. Der épicier war früher auf den Verkauf von Gewürzen spezialisiert, während das Wort heute einen Lebensmittelhändler schlechthin bezeichnet.* Photo: Photothèque des Musées de la Ville de Paris

den vier Geschmacksqualitäten süß, salzig, bitter und sauer, und den vier Farben Rot, Blau, Grün und Gold (bzw. Gelb) korreliert. Letzteres wiederum hatte, wie wir gleich sehen werden, interessante Auswirkungen auf die Wahl mittelalterlicher Lebensmittelfarbstoffe.

Farbsymbolik des Essens

Den Farben war keine streng standardisierte Bedeutung zugeordnet, doch führte die Korrelation mit der Elementen- und Viersäftelehre dazu, dass die mittelalterliche Küche eine ausgesprochene Freude daran hatte, Speisen zu färben. Diesem Brauch lag die Vorstellung zugrunde, dass jede Farbe eine bestimmte Kraft besäße, die sie auf die Nahrungsmittel übertragen könne. Man war überzeugt, dass z. B. rote Farbe, die durch Zugabe von Sandelholz oder Drachenblut erzielt werden konnte, die Blutbildung fördere und dass gemischte Farben zu einer besseren Durchmischung der vier Körpersäfte beitrügen.

Medizinische und farbsymbolische Vorstellungen waren neben ästhetischen Gründen wichtige Motive, wenn die mittelalterliche Küche nicht darauf erpicht war, das natürliche Aussehen der Lebensmittel möglichst zu erhalten, sondern sie sogar in einer Weise färbte, die uns heute völlig fremd ist. Den Zuordnungen der Elementen- und Viersäftelehre entsprechend wurden auch Farben verwendet,

Das Innere einer französischen Spezereienhandlung im 19. Jahrhundert. Das Sortiment umfasste neben Zuckerhüten, Gewürzen und Ölen auch Produkte wie Leim, Farbstoffe und Pigmente, die man heute wegen ihrer teilweise nicht unerheblichen Giftigkeit niemals lose neben Lebensmitteln aufbewahren und verkaufen würde. Photo: Bibliothèque des Arts décoratifs, Paris

die nach heutigem Empfinden als Lebensmittelfarbstoff eher unnatürlich wirken, wie z. B. Blau, das mit Blütenblättern von Kornblume, Akelei oder Veilchen erzielt wurde, oder Gold (bzw. Gelb). Dafür wurde üblicherweise Safran als Färbemittel benutzt, der im Mittelalter ebenso verbreitet wie teuer war (bis zu zwölfmal so teuer wie Ingwer!). Auch der Adel kaufte ihn nur in winzigen Mengen.

Die mittelalterliche Vorliebe für Gewürze

Da Nahrungsmittel ein Teil der Natur sind, wurden ihre Geschmackseigenschaften und Wirkungen ebenfalls in das Schema der Elementen- und Viersäftelehre eingeordnet. Jeder Speisezutat wurden nach ihren subjektiv wahrgenommenen Eigenschaften bestimmte Qualitäten und damit unterschiedliche medizinische Funktionen zugeschrieben. Bohnen sollten, um nur ein paar Beispiele zu nennen, die Qualität kalt/trocken besitzen, Pflaumen, Kirschen, Birnen hingegen die Qualität kalt/feucht, Weizen und Teigwaren wiederum die Qualität heiß/feucht. Alle Nahrungsmittel dienten der Gesundheitsprophylaxe, da sie das Gleichgewicht der Körpersäfte

Safran

aufrechterhielten, und förderten die Heilung, indem sie das Übermaß oder die Verdorbenheit eines Saftes ausglichen. Die Ärzte, die den Grad an Feuchtigkeit und Hitze eines jeden Nahrungsmittels genau festzulegen versuchten, verboten daher je nach dem vorherrschenden Saft im Körper eines Menschen manche Produkte strikt, während sie zum Genuss anderer rieten. Choleriker sollten sich davor hüten, stark zu würzen, denn Gewürze galten als sehr heiß und trocken, besaßen also genau die Eigenschaften, die bei cholerischen Menschen ohnedies schon vorherrschten. Die heißen und trockenen Gewürze galten jedoch als gut geeignet, feuchte und kalte Nahrungsmittel auszugleichen und für den Organismus verträglicher zu machen.

Vor dem Hintergrund der Elementen- und Viersäftelehre wird nun auch die für uns oft ungewöhnliche Art des Würzens in der mittelalterlichen Küche verständlich: Wenn Apfel- und Birnenauflauf mit Pfeffer abgeschmeckt oder Fisch mit Zimt und Zucker bestreut wurde – Zucker galt ebenfalls als »Arzneigewürz« –, war dies nichts als eine praktische Anwendung damaliger Gesundheits- und Ernährungslehren. Auch der nach unserem Empfinden übermäßige Gebrauch von Gewürzen in der mittelalterlichen Küche, deren Rezepte uns hoffnungslos überwürzt erscheinen, dürfte unter anderem mit dem Glauben an deren Heilkraft und deren gesundheitsfördernde Wirkung zu erklären sein. Es gibt aber noch weitere Motive, die den mittelalterlichen Koch dazu veranlassten, sehr kräftig zu würzen. Darauf werden wir im Kapitel über den Pfeffer, wo ausführlicher auf die Eigenheiten der mittelalterlichen Kochkunst eingegangen wird, noch einmal zurückkommen.

Von Gewürzkrämern und Apothekern

Die enge Verbindung zwischen Arznei- und Gewürzfunktion einer Pflanze wird auch daran deutlich, dass Gewürze (und Zucker) bis weit ins Mittelalter hinein in Apotheken verkauft wurden. Es gab bis ins 13. Jahrhundert hinein eine enge Verbindung zwischen dem Apothekerberuf einerseits und den Spezereien verkaufenden Gewürzkrämern andererseits.

Es ist in der Forschung noch nicht ganz geklärt, wie das Apothekergewerbe entstanden ist, ob es ursprünglich eins mit dem des Gewürzkrämers gewesen ist und sich aus diesem heraus entwickelte oder ob man von Anfang an scharf zwischen Apothekern und Gewürzkrämern unterscheiden muss. In einigen Städten gehörten die Apo-

Apotheker, Miniatur *aus einer Handschrift des* Livre des propriétés des choses *(Buch über die Eigenschaften der Dinge) von Barthélémy l'Anglais, 15. Jh. Die Ärzte des Mittelalters strichen die medizinisch-pharmazeutischen Qualitäten der Gewürze heraus. Es ist aufschlussreich, dass die meisten in der Küche gebrauchten Gewürze, so auch der Safran, zuerst Eingang in die Medizin fanden, bevor sie in der Küche verwendet wurden. Photo: Bibliothèque de l'Arsenal, Paris*

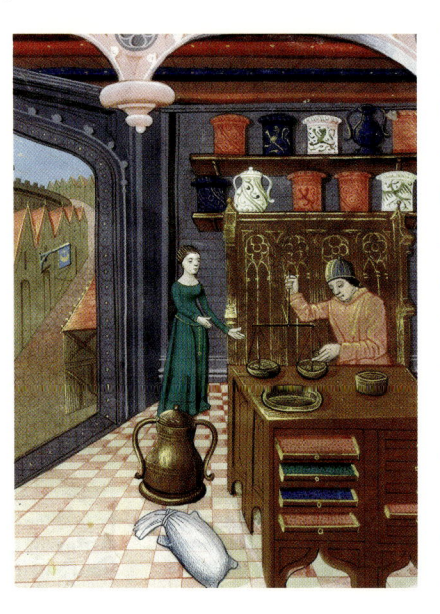

theker wie alle, die mit Maß und Gewicht umzugehen hatten, zur Zunft der Großhändler und Gewürzkrämer, zur Zunft der *épiciers*. Im 13. Jahrhundert kam es nach langen Kompetenzstreitigkeiten jedenfalls zu einer zunehmenden Abgrenzung beider Berufe. Sesshafte Gewürzkrämer in den größeren Städten wurden als Apotheker bezeichnet (von griech.: *apotheca* = Warenniederlage). Wo sie auch die damals noch den Ärzten obliegende Aufgabe der Arzneimittelherstellung übernahmen, entwickelten sie sich zu Apothekern im heutigen Sinne. Die Apotheken wurden amtlich kontrolliert, um die Qualität der Waren zu garantieren. Viele Städte schrieben selbst die Aufbewahrungsdauer und -art der Drogen vor. Die Gewürzkrämer blieben als Gewerbetreibende und Händler dagegen unter der Aufsicht der Zünfte. Weil die Apotheken so gut überwacht wurden, empfahl man noch im späten 18. Jahrhundert, Gewürze nur dort einzukaufen.

Der Schwindel mit Safran blühte seit jeher

Gerade im Falle des Safrans war eine Kontrolle der Qualität, die von Apothekern und Gewürzkrämern zum Kauf angeboten wurde, bitter nötig. Angesichts seines schon immer enormen Preises war Safran das Gewürz, das seit jeher am meisten zu Fälschungen reizte. Daran hat sich bis zum heutigen Tage wenig geändert.

Groß war die Versuchung, Safran mit wässrigen oder öligen Flüssigkeiten zu »beschweren« und dadurch nicht nur ein größeres Gewicht vorzutäuschen, sondern ihm außerdem noch den an guten Sorten gerühmten fettigen Glanz zu verleihen. Weitere beliebte Verfälschungen bestanden darin, andere Blütenbestandteile (z. B. die hellgelben Staubgefäße des Safrans) oder ähnlichfarbige Blüten (z. B. Arnika, Ringelblume, Färberdistel, Tagetes) beizumischen oder irgendein rotes Pulver (z. B. Ziegelstaub, Paprika, Mennige oder Sandelholzpulver) unterzumengen.

Um gewisse Qualitätsstandards der so häufig verfälschten Ware zu gewährleisten, musste seit dem 14. Jahrhundert in Venedig, Lucca, Pisa, Montpellier, Nürnberg, Basel und anderen Städten aller Safran einem Schauamt vorgelegt werden. Diese frühen Institutionen der Lebensmittelprüfung und -kontrolle hatten die Aufgabe, die mit dem bloßen Auge oft nur schwer nachweisbaren Verfälschungen aufzudecken und die Qualität der einwandfreien Ware amtlich zu bestätigen.

Im Mittelalter spielte Nürnberg, und hier besonders die Familien Imhoff und Fütterer, eine zentrale Rolle im Safranhandel, der damals eine

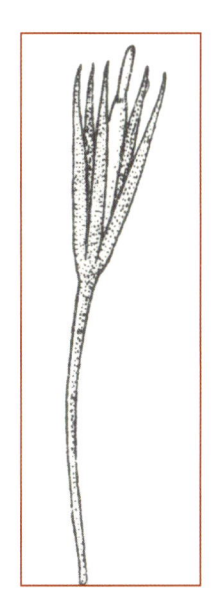

Saflor oder Färberdistel (*Carthamus tinctorius*), ein Korbblütler, ist eine im Orient heimische Farbstoffpflanze, die bereits 2000 v. Chr. in Ägypten kultiviert wurde und gerne als falscher Safran verkauft wird. Photo: Deutsches Museum, München

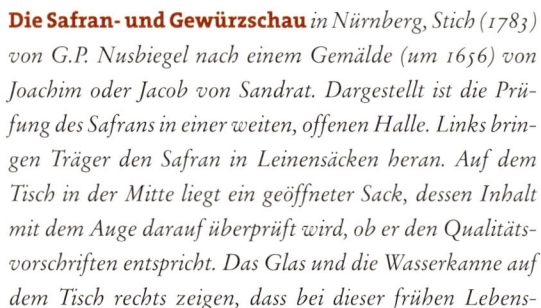

Safran

Abbildung Der berühmten Saffran- und Gewürz Schau in Nürnberg

Die Safran- und Gewürzschau in Nürnberg, Stich (1783) von G.P. Nusbiegel nach einem Gemälde (um 1656) von Joachim oder Jacob von Sandrat. Dargestellt ist die Prüfung des Safrans in einer weiten, offenen Halle. Links bringen Träger den Safran in Leinensäcken heran. Auf dem Tisch in der Mitte liegt ein geöffneter Sack, dessen Inhalt mit dem Auge darauf überprüft wird, ob er den Qualitätsvorschriften entspricht. Das Glas und die Wasserkanne auf dem Tisch rechts zeigen, dass bei dieser frühen Lebensmittelqualitätsprüfung offensichtlich auch schon ein chemischer Schnelltest eingesetzt wurde. Man prüfte, ob sich der für die Narbenlappen des Safrans typische gelbe Carotinoidfarbstoff, das wasserlösliche Crocin, an einer intensiven Gelbfärbung des Wassers zu erkennen gab. Anschließend wurde alle Ware, die nicht beanstandet worden war, wieder verpackt und gewogen. Ganz rechts ist ein Prüfer zu sehen, der das Siegel des Schauamts anbringt. Photo: Museen der Stadt Nürnberg, Graphische Sammlung

ungleich größere Bedeutung hatte als heute. Seit mindestens 1357 existierte in Nürnberg eine Safranschau, 1441 wurde sie offiziell eingeführt und fand im Hause der Familie Imhoff statt. Nürnberg besaß direkte Kontakte zu den Anbaugebieten in Süditalien, bezog über Venedig oder Mailand aber auch orientalischen Safran sowie über Lyon auch solchen aus Südfrankreich, Katalonien und Aragón. Entscheidend für den erfolgreichen Handel war die garantierte Qualität der Ware: Von der Nürnberger Safranschau begutachtete und für einwandfrei befundene Waren galten überall als hochwertig. Im Dreißigjährigen Krieg war der Safranhandel sehr zurückgegangen und die Nürnberger Safranschau folglich fast zum Erliegen gekommen. 1656 beschloss der Rat daher, die bisherige Kontrolleinrichtung, die zuvor auch schon Gewürznelken geprüft hatte, zu einer Gewürzschau allgemeineren

Safran

Charakters aufzuwerten, bei der 45 erfahrene Gewürzkrämer als Gutachter tätig waren. Diese Gewürzschau bestand bis 1852.

Der Basler Jurist Sebastian Brant geißelte 1494 in seinem *Narrenschiff,* das er »zum Nutzen, heilsamer Lehr, Ermahnung und Befolgung der Weisheit, Vernunft und guter Sitten ... für alle Stände und Geschlechter der Menschen« schrieb, die Gewürzfälscher mit folgenden Worten:

> »Dein Safran hast zu Venedig gesackt,
> Und hast Rindfleisch darunter gehackt
> Und mischst unter Näglein gedörrts Brot
> Und gibst für Lorbeer hin Geißkot
> Und Fichtenspän' für Zimmetrinden
> Und nimmst das Laub von einer Linden
> Darmit tust du den Pfeffer mehrn
> Tust unter Mandel Pfirsichkern
> Und unter Weinbeer Muckenkopf
> Für Muskat Eichenlaubes Knopf
> Und Muckenschwammen für Rusin
> Und gibst Hutzeln für Feigen hin
> Gibst weißen Hundsdreck hin für Zucker.«

Heute gültige Qualitätskriterien

Während Verfälschungen in den letzten Jahren in Deutschland dank gut funktionierender Lebensmittelüberwachungsbehörden selten bekannt geworden sind, sollte jeder auf der Hut sein, der vermeintlichen Safran in außereuropäischen Ländern, z. B. auf orientalischen Souks, in Sri Lanka, Thailand oder Indonesien, als Schnäppchen einkauft. Man sei sich immer bewusst: Billigen Safran gibt es nicht, zumindest keinen echten!

Vorsicht ist besonders bei Ware geboten, die bereits gemahlen ist und in dieser Form besonders leicht mit Curcuma, Paprika, Sandelholzpulver, roter Kreide, gefärbter Stärke oder Ziegelstaub gestreckt werden kann.

Am besten ist echter Safran unvermahlen zu identifizieren, die mikroskopische Untersuchung der unzerkleinerten Ware ist deshalb auch bis heute die Prüfmethode der Wahl: Beim echten Safran müssen die Narbenschenkel ungefähr zwei bis drei Zentimeter lang, trichterförmig eingerollt und oben geschlitzt sein. In Wasser müssen sie sich durch Aufquellen auf etwa drei bis vier Zentimeter verlängern, und die Flüssigkeit muss sich, da die wasserlöslichen Carotinoidfarbstoffe austreten, dunkelgelb färben.

Echter Safran wird je nach Reinheit in verschiedenen Qualitäten im Handel angeboten. Die beste Qualität enthält nur die drei tiefroten Narbenschenkel ohne jeglichen Griffelanteil und nennt sich Safranspitzen. Je mehr vom unteren Teil, dem gelblichen, langen Griffel, an der Ware verbleibt, umso minderwertiger wird der Safran. Auch Beimengungen von getrockneten lila Blütenblättern mindern die Qualität.

In jedem Fall muss Safran, vor Licht und Feuchtigkeit geschützt, in fest schließenden Metall- oder Glasgefäßen (nicht in Kunststoffgefäßen) aufbewahrt werden, da das Gewürz am Licht schnell ausbleicht und sich das ätherische Öl relativ leicht verflüchtigt.

Gewürz und Arzneimittel
zu gepfefferten Preisen

Pfeffer

Pfeffer ist ein sehr altes und wirtschaftshistorisch ungeheuer bedeutendes Gewürz. Seit der Antike war er ein derart wichtiges Handelsgut, dass er den Verlauf der Weltgeschichte zeitweise entscheidend beeinflusste. Von den Gewürzen, die einst die Welt bewegten, hat nur er seine große Bedeutung bis in unsere Zeit behalten können.

Schwarzer oder »echter« Pfeffer *(Piper nigrum)* ist eine immergrüne, tropische Kletterpflanze aus der Familie der Pfeffergewächse *(Piperaceae)*, die ursprünglich nur in den küstennahen südindischen Wäldern vorkam und etwa 30 Jahre alt wird. Sie wird heute, wie alle Gewürzpflanzen, in vielen klimatisch geeigneten Ländern der Erde kultiviert. Als Liane benötigt der Pfefferstrauch stets Rankhilfen und wird deshalb in Mischkultur mit Nutzhölzern oder als Nebenkultur in anderen Plantagen gezogen. Im Wildzustand kann er mit seinen Haftwurzeln bis zu 15 Meter hoch klettern. Als Kulturpflanze hält man ihn jedoch auf vier bis fünf Meter und lässt ihn buschartig wachsen. Aus seinen Blattachseln entwickeln sich 15 Zentimeter lange Ähren mit unscheinbaren, reduzierten Blüten. Diese reifen nach der Befruchtung zu roten, beerenartigen Steinfrüchten.

Die bei uns im Handel erhältlichen Pfeffersorten schwarzer, weißer und grüner Pfeffer stammen nicht, wie man vielleicht denken könnte, von verschiedenen Pfefferarten ab. In allen drei Fällen handelt es sich um die Früchte ein und derselben Pflanze, nämlich von *Piper nigrum,* die lediglich in unterschiedlichen Reifestadien geerntet und verschiedenen Aufbereitungsverfahren unterworfen wurden. Ob aus dem Erntegut schwarzer, weißer oder grüner Pfeffer erzeugt wird, ist im Wesentlichen eine Frage der Tradition. Etwa 75 Prozent der Weltpfefferproduktion entfällt auf schwarzen Pfeffer.

Schwarzer, grüner, weißer Pfeffer

Um schwarzen, brennend scharf schmeckenden Pfeffer zu erhalten, erntet man die Fruchtstände unreif, d. h. in grünem Zustand bzw. wenn sich die untersten Steinfrüchte gerade erst ins Gelbliche oder Rötliche zu verfärben beginnen. Anhaftendes Ungeziefer oder Pilzsporen werden entfernt, indem das Erntegut zunächst für einige Minuten in kochendes Wasser getaucht wird. Dann lässt man die Früchte einige Tage lang in der Sonne, am Feuer oder auf geheizten Darren trocknen. Dabei verfärben sie sich dunkel, ihr Fruchtfleisch verschrumpelt, und schließlich umschließt eine dünne, runzlige, schwarze Haut den harten Steinkern. Aus 100 Kilogramm frischen Früchten werden so etwa 35 Kilogramm schwarzer Pfeffer. Bei guten Qualitäten ist das verschrumpelte Fruchtfleisch fest mit dem Steinkern verbunden und bröselt beim Reiben nicht ab. Je weiter die ausgewachsenen Früchte von der völligen Reife entfernt waren, desto härter und schwerer sind die getrockneten Früchte, desto besser ist ihr Geschmack und desto höher ihr Handelswert. Nach der Herkunft unterscheidet man, ähnlich wie bei Weinlagen, folgende Sorten schwarzen Pfeffers: Der als qualitativ hochwertig geltende Malabar-Pfeffer,

◀◀◀ **Roter Pfeffer.** *Photo: Teubner Foodstudio, Füssen*
◀◀ **Fruchtstände einer Pfefferstaude.** *Sie werden so wie man sie hier sieht bei der Ernte mit den Fingern abgekniffen. Photo: Königliches Tropeninstitut, Amsterdam*
◀ **Durch das Absuchen** *der Pflanzen nach dem notwendigen Reifezustand der Beeren ist die Ernte sehr zeitaufwändig und arbeitsintensiv: Die grünen Beeren ergeben überwiegend schwarzen Pfeffer, die roten werden überwiegend zu weißem Pfeffer aufgearbeitet. Photo: Teubner Foodstudio, Füssen*

Pfeffer

der überdurchschnittlich große Früchte ausbildet, kommt von der Malabarküste in Südwestindien, einer Anbauregion, die sich noch in die südliche (Aleppi-Pfeffer oder Goa-Pfeffer) und nördliche (Tellicherry-Pfeffer) Malabarküste unterteilt. Auch der sehr scharfe Penang- und Lampong-Pfeffer aus dem Südosten Sumatras wird als sehr gute Ware bezeichnet.

weniger Scharfstoffe enthält. Er ist aber aromatischer als schwarzer Pfeffer, da bei ihm im Wesentlichen die Aroma gebenden ätherischen Öle, die sich im Steinkern befinden, zur Wirkung kommen. Bedingt durch die Fruchtwandverluste gewinnt man aus 100 Kilogramm frischen Früchten nur 25 Kilogramm weißen Pfeffer. Diese im Vergleich zur Produktion des schwarzen Pfeffers geringere Ausbeute verleitet gelegentlich zu Verfälschungen. Weißer Pfeffer kann vorgetäuscht werden, indem man z. B. schwarzen Pfeffer schält oder gummierten Pfeffer in weißen Materialien wie Ton, Kreide, Gips oder Stärke wälzt. Solche Praktiken sind illegal, locken aber vor allem dann, wenn der Weltmarktpreis für weißen Pfeffer erheblich über dem des schwarzen Pfeffers liegt.

Die bekannteste Handelssorte weißen Pfeffers ist in Europa der milde Sarawak-Pfeffer aus Nordwest-Borneo.

Um weißen Pfeffer zu erzeugen, erntet man dagegen die vollreifen, roten Früchte. Sie werden in Säcke gefüllt, in möglichst fließendes Wasser gelegt und der Gärung überlassen. Sie müssen so lange fermentieren, bis sich das Fruchtfleisch mechanisch von den grau-weißen Steinkernen abreiben lässt. Das geschieht durch Trampeln mit den Füßen, Reiben mit den Händen und neuerdings auch mit Schälmaschinen. Weißer Pfeffer schmeckt milder als der schwarze, da er wegen der fehlenden Fruchtwand

◀ **Schwarzer Pfeffer** *in der Darstellung eines Arzneibuches des frühen 19. Jahrhunderts. Pfeffer galt als harntreibendes, verdauungsförderndes Mittel, als hilfreich gegen Wechselfieber und Husten, den Biss giftiger Tiere und als Abortivum. Photo: Deutsches Museum, München*

▲ **Im Codex Fuchs** *des Tübinger Arztes und Botanikers Leonhart Fuchs (1501–1566) ist unzutreffenderweise weißer und schwarzer Pfeffer als an einer Pflanze wachsend dargestellt. Bis ins 16. Jahrhundert hinein war nicht klar, dass diese beiden Pfeffersorten lediglich das Resultat einer unterschiedlichen Aufbereitung ein und derselben Frucht sind. Photo: Österreichische Nationalbibliothek, Wien*

Pfeffer

In den USA wird hauptsächlich der milde Muntok-Pfeffer konsumiert. Er stammt von der Insel Bangka im Südosten Sumatras.

Werden die unreif geernteten, festen grünen Pfefferfrüchte durch schnelle Trocknung, Gefriertrocknung oder durch Einlegen in essigsaurer, mildsalziger Lake sofort nach dem Pflücken verarbeitet, lässt sich ihre grüne Farbe und ihr feines Aroma erhalten. Die Mode, grünen Pfeffer zu verwenden, ging von Frankreich aus, das aus seiner früheren Kolonie Madagaskar gerne frischen grünen Pfeffer einführte. Seit Ende der 1960er-Jahre wird grüner Pfeffer auch in Deutschland angeboten. Er kommt bei uns überwiegend aus dem Amazonasgebiet. Diese relativ neue Pfeffervarietät hat mittlerweile schon einen Marktanteil von 20 Prozent des gesamten deutschen Pfefferimports erobert.

Heute können durch Gefriertrocknung auch die roten, vollreifen Früchte haltbar gemacht werden, so dass auch roter Pfeffer in den Handel kommt. Er sollte nicht mit dem rosa Pfeffer *(Schinus molle* bzw. *Schinus terebinthifolius)* verwechselt werden, der zu einer völlig anderen Pflanzenfamilie gehört, den Sumachgewächsen *(Anacardiaceae).* Beim rosa Pfeffer handelt es sich um die einsamigen Früchte des peruanischen Pfefferbaumes, der in Mexiko, den chilenischen Anden, Südbrasilien und Uruguay wächst. Die rosavioletten, erbsengroßen Früchte werden geschält und erhalten beim Trocknen eine dunkle, dem Pfeffer ähnliche Farbe. Sie schmecken sehr scharf, pfefferähnlich, aber bitter. In größeren Mengen reizen die Inhaltsstoffe die Schleimhäute.

▲ **Weißer Pfeffer.** *Photo: Teubner Foodstudio, Füssen*
▶ **Grüner Pfeffer.** *Die ausgewachsenen Früchte hängen noch am Fruchtstand. Photo: Teubner Foodstudio, Füssen*

Andere Pfefferarten von Bedeutung

Die Gattung *Piper* (Pfeffer) umfasst neben dem »echten«, dem schwarzen Pfeffer noch weitere Nutzpflanzen, die wegen ihres mehr oder weniger scharfen, pfefferartigen Gechmacks in verschiedenen Teilen der Welt ebenfalls als Gewürz benutzt werden.

Neben dem »echten« Pfeffer *(Piper nigrum)* ist als Gewürz der Bengal- oder lange Pfeffer *(Piper longum)* aus Nordindien von Bedeutung. Im Mittelalter wurde der kolbenartige Fruchtstände zeigende lange Pfeffer gerne als Medikament benutzt, so dass er im indisch-europäischen Handelsverkehr eine enorme historische Rolle spielte. Heute wird er nur noch in seinen unmittelbaren Produktionsgebieten verwendet, d.h. in der Region von Bengalen bis Nepal, auf den Sundainseln, den Philippinen und den Molukken. Er ist schärfer, aber weniger aromatisch als schwarzer Pfeffer. Während er in Europa

Pfeffer

heute so gut wie unbekannt ist, spielt er in der indischen Medizin und Küche nach wie vor eine große Rolle. Er wird bei Bronchialasthma, zur Hustenstillung, bei Muskelschwäche, Leber- und Gallenleiden sowie bei Befall mit Eingeweidewürmern als Medikament genommen und ist häufiger Bestandteil des Currypulvers. Diese scharf-pikante Gewürzmischung kann sehr unterschiedlich zusammengesetzt sein. Sie enthält als unabdingbar notwendige Grundzutat neben der gelbfärbenden Curcuma, die für die Farbe verantwortlich ist, immer auch schwarzen oder langen Pfeffer sowie Chilis.

Weiterhin von Bedeutung ist der in Indonesien beheimatete Kubeben- oder Stielpfeffer *(Piper cubeba)*, dessen schwarz-runzlige Früchte an ihrem stielartigen Fortsatz leicht zu erkennen sind. Kubebenpfeffer war besonders im Mittelalter eine begehrte Handelsware, da man ihn in Europa in erster Linie pharmazeutisch nutzte. Er galt als blähungstreibend und lindernd bei Magenverstimmungen und Harnwegserkrankungen. Als Küchengewürz spielte er in Europa kaum eine Rolle. In größeren Mengen sollte er nicht verzehrt werden, da schon wenige Körner Schwindelgefühle auslösen – darauf spielt die volkstümliche Bezeichnung »Schwindelkörner« an – bzw. Erbrechen, Durchfall und Hautausschläge verursachen können.

Auch im tropischen West- und Zentralafrika ist eine Pfefferart heimisch, der Aschantipfeffer *(Piper guinense)*. Als Gewürz hat der runzlige, an der Basis einen stielartigen Fortsatz tragende Aschantipfeffer nur lokal Bedeutung. Er wurde in Kriegszeiten, als schwarzer Pfeffer nicht oder nur schwer verfügbar war, in Deutschland als Ersatzpfeffer benutzt.

Pfeffer in Indien

Der aus Indien stammende schwarze Pfeffer *(Piper nigrum)* wurde, wie wir aus alten

◀ **Das drogenkundliche Handbuch** Histoire générale des drogues *von Pierre Pomet (1658–1699) war für Apotheker und Spezereihändler im 18. Jahrhundert ein unentbehrliches Nachschlagewerk. Im Kapitel über den Pfeffer findet sich immer noch die falsche Darstellung, dass schwarzer und weißer Pfeffer zwei unterschiedliche Pflanzen seien. Photo: Deutsches Museum, München*

▲ **Langer Pfeffer.** *Er war in Antike und Mittelalter vor allem medizinisch hochbegehrt. Photo: Teubner Foodstudio, Füssen*

indischen Heldenepen und frühen Reiseberichten westlicher Besucher wissen, in der indischen Küche von alters her als Speisegewürz verwendet. Zugleich gehört er zu den ältesten indischen Heilmitteln. Er wurde im Wesentlichen als verdauungsförderndes Mittel bei Magenbeschwerden verabreicht.

Dass Pfeffer bei uns unter dieser Bezeichnung bekannt wurde, war reiner Zufall. Das Sanskrit-Wort für schwarzen Pfeffer war nämlich »marichi«, und in Java heißt schwarzer Pfeffer noch heute *maricha*. Als *pippali*, von dem sich unser Wort »Pfeffer« ableitet, bezeichneten die Inder dagegen nicht den ursprünglich nur an der südindischen Malabarküste wachsenden schwarzen Pfeffer *(Piper nigrum)*, sondern den oben erwähnten langen Pfeffer *(Piper longum)*. Persische Kaufleute lernten beide Pfefferarten, den schwarzen und den langen Pfeffer, in Indien kennen. Beide wurden schon in der Antike auf dem Land- oder auf dem kombinierten Land- und Seeweg in die Levante transportiert. Die Perser verschmolzen das Sanskrit-Wort »pippali« zu »pippari«. Daraus wurde im alten Griechenland *péperi*, im alten Rom *piper* und schließlich *pepper, poivre* und *Pfeffer*.

Pfefferernte in Indien. *Miniatur aus einer aus dem 15. Jahrhundert stammenden Handschrift des Milone, des Buchs der Wunder von Marco Polo (1254–1324). Der Sohn einer venezianischen Kaufmannsfamilie war einer der wenigen Fernostreisenden seiner Zeit. 1271 brach er von Venedig aus auf. Mit Vater und Onkel reiste er auf der Seidenstraße nach China, wo er mehrere Jahre als hoher Beamter tätig war. Ein Teil der Faszination der Gewürze hing mit ihrer Herkunft aus fernen, sagenumwobenen und als unermesslich reich gedachten Ländern zusammen, die Marco Polo ausführlich beschrieb. Die Darstellung zeigt die Pfefferernte und die Arbeitsteilung zwischen Indern und Europäern. Photo: Bibliothèque nationale, Paris.*

Wann kam der Pfeffer nach Europa?

Die Frage, wann der Pfeffer erstmals nach Europa kam, ist schwer zu beantworten. In frühen ägyptischen und hebräischen Texten wird er nicht erwähnt, möglicherweise weil man ihn nicht zu Parfümen verarbeiten oder in Räuchermischungen nutzen konnte. Den frühesten bisher bekannten Hinweis fanden Archäologen in Knossos auf Kreta. Auf einer um 1200 v. Chr. zu datierenden Tafel entschlüsselten sie das Ideogramm eines großen Pfeffertopfes. Allerdings konnte unter den auf dieser Tafel genannten Gewürzbezeichnungen zwar die für indischen Sesam, nicht aber die für Pfeffer identifiziert werden.

Erst ab dem 6. Jh. v. Chr. lässt sich der regelmäßige Verkauf von Pfeffer an die Griechen in Kleinasien nachweisen. Im *Corpus Hippocraticum*, einer Sammlung medizinischer Schriften vom Ende des 5. Jhs. v. Chr. bis zur Mitte des 4. Jhs. v. Chr., wird das »Pharmakon aus Indien, das die Perser péperi nennen«, in einer Zubereitung mit Honig und Essig als Heilmittel gegen Frauenleiden empfohlen. Diese

Pfeffer

Arzneimittelzubereitung zeigt, in welchem Ausmaß sich in manchen antiken Heilmitteln Einflüsse nichtgriechischer Kulturen widerspiegeln. Die Pfeffer-Honig-Essig-Rezeptur ist ursprünglich zweifellos indischer Provenienz. Eine Mischung aus schwarzem Pfeffer, Ingwer und langem Pfeffer, in Sanskrit *Trikatu* (= drei scharfe Gewürze) genannt, zählt bis heute zu den wichtigsten Heilmitteln des Ayurveda. Trikatu soll, mit Honig verabreicht, den Appetit anregen, bei Erkältung, rheumatischen Erkrankungen und Tumoren helfen. Mit fein geriebenem Pfeffer behandeln ayurvedische Ärzte bis heute Leber- und Milzvergrößerung, Appetitlosigkeit, Darmentzündungen, Reizmagen, aber auch chronische Hauterkrankungen. Pfeffer gilt bei ihnen, naturwissenschaftlich übrigens mit vollem Recht, als leicht harntreibend.

Nachdem Alexander der Große 327 v. Chr. sein Reich bis zum Indus ausgedehnt hatte, gelangten vermehrt orientalische Speisezutaten nach Griechenland: Zitrusfrüchte, Pfirsiche, Pistazien und sogar Pfauen. Dank Alexanders Eroberungszügen wurde in Griechenland auch der Pfeffer bekannter. Da Pfeffer am Indus nicht wuchs, lässt dieser Sachverhalt auf einen damals bereits ausgedehnten innerasiatischen Handel schließen.

Theophrast von Eresos (371–287 v. Chr.), der nach dem Tod seines Lehrers Aristoteles der Leiter des Lykeion in Athen wurde, beschrieb in seiner berühmten, zu den Klassikern der Botanik zählenden Naturgeschichte sowohl den schwarzen als auch den langen Pfeffer. Seine botanischen Werke waren jahrhundertelang maßgebend. Im 1. Jh. n. Chr. übernahmen Plinius (23/24 n. Chr.–79 n. Chr.) und Dioskurides seine Angaben fast wörtlich, erweiterten sie aber erheblich. So schilderte Plinius beliebte Methoden, wie man den aus Indien importierten Pfeffer schon in der Antike verfälschte: Langer Pfeffer wurde gerne mit schwarzer Senfsaat gestreckt, schwarzer Pfeffer durch Untermischen von Wacholderbeeren verfälscht.

Vor allem Dioskurides' Arzneimittellehre beeinflusste bis weit über die Antike hinaus das Bild, das sich die Menschen vom Pfeffer machten: »Der Pfeffer soll ein kleiner, in Indien wachsender Baum sein ... Sie [die Frucht] öffnet sich um die richtige Zeit und entwickelt Trauben, welche Körner tragen, die wir kennen, teils nämlich herb, wie unreife Weintrauben, diese sind der weiße Pfeffer ... Der schwarze ist süßer und schärfer ... und, da er reif ist, viel gewürziger ... Der weiße und herbe ist schwächer als die vorgenannten.« Dioskurides' Schilderung lässt erkennen, wie vage die botanischen Kenntnisse der Pfefferpflanze in der Antike waren. Die meisten Botaniker hatten lediglich ihre Früchte mit eigenen Augen gesehen und stützten sich, was die Pflanze selbst anbelangte, ausschließlich auf Sekundärinformationen.

Botanikhistorisch interessant ist, dass der weiße Pfeffer lange Zeit für eine eigene, dem schwarzen Pfeffer ähnliche, aber von diesem verschiedene Art gehalten wurde. Diese Fehlinformation wurde sogar noch von Garcia da Orta (1501–1568) kolportiert, einem spanischen Arzt, der seit 1524 in Indien lebte und dort starb. In seinem umfassenden Werk über die Pflanzen Indiens finden sich im Allgemeinen viele wichtige Informationen aus erster Hand. Die Aufbereitung des Pfeffers hat aber sogar ein so kundiger Botaniker wie da Orta offensichtlich nie mit eigenen Augen gesehen.

Wie würzte man im alten Rom?

Pfeffer wurde in der Antike nicht nur als Medikament, sondern besonders in der römischen Küche auch als Speisezutat benutzt, allerdings nicht von Anfang an. Die römische Küche hat sich im Verlaufe ihrer Geschichte wiederholt sehr verändert. Anfangs war sie sehr einfach und eher bäuerlich: Man aß Getreidebrei, den man mit Knoblauch und Zwiebeln würzte, dazu gab es Gemüse wie Kohl oder Hülsenfrüchte. Fleisch war eher für Festtage reserviert, und Brot gab es zunächst noch gar nicht. Die Römer galten bis zum Ende des 3. Jhs. v. Chr. als kulinarische Barbaren. Das änderte sich erst, als Rom über die engen Grenzen seiner Anfänge hinauswuchs und mit Griechen und Karthagern in Kontakt kam. Durch diese Kontakte drangen Einflüsse fremder Küchen in die römische ein. Der Speisezettel wurde reicher, eine neue Art der Ernährung bildete sich heraus. Was die Gewürze anbelangt, so wurden in dieser »nouvelle cuisine« des 2. Jhs. v. Chr. Honig, Essig, Wein, Kreuzkümmel, Koriander, Oregano und viele andere Kräuter raffiniert kombiniert. Ein beliebtes Würzmittel der römischen Küche war übrigens eine salzig-pikant schmeckende Fischsoße namens Garum oder Liquamen, die ihrerseits mit Gewürzen verfeinert wurde. Garum war das Universalgewürz der Römer, ähnlich gegenwärtig wie heutzutage Maggiwürze, Sojasauce oder Tomatenketchup.

In Roms führenden Schichten wurde es Mode, seinen sozialen Status auch durch die Esskultur zu demonstrieren. Das verstärkte die Nachfrage nach Luxusgütern für die gehobene Küche. Zu den prestigeträchtigen, teuren Küchenzutaten, mit denen man seine wirtschaftliche Potenz zur Schau stellen konnte, gehörten unter anderem auch exotische Gewürze. Diese wurden seit dem 2. Jh. v. Chr. über die Hafenstädte der Levante nach Rom importiert. Teilweise waren die Gerichte der reichen Römer so hoffnungslos mit den teuren, aus dem Orient importierten Gewürzen überwürzt, dass diese Sitte in der zeitgenössischen Literatur oft verspottet und parodiert wurde. Trotz dieser vor allem bei Emporkömmlingen beliebten Gewürzexzesse muss jedoch festgehalten werden, dass die römische Küche in erster Linie eine Kräuterküche war.

Nachdem die Römer 30 v. Chr. Ägypten erobert hatten, intensivierte sich der Handel mit dem fernen Osten. In Indien entstanden römische Handelskontore. Im 1. Jh. n. Chr. lernte man, die im jahreszeitlichen Wechsel wehenden Monsunwinde zu nutzen. Spezielle Segelhandbücher, Routen- und Hafenbeschreibungen wurden verfasst, unter denen für das

Hals einer bei Augsburg *gefundenen Tonamphore mit der Inschrift »Hervorragende Fischsauce des Marcus Valerius Maximus«. Die in der römischen Küche überaus beliebten Fischsaucen wurden aus der Provence in die römischen Provinzen nördlich der Alpen transportiert. Photo: Stadtmuseum, Augsburg*

Pfeffer

Rote Meer und die Indienverbindung der *Periplous* zu den für die Handelsgeschichte herausragenden Quellen gehört. Damit etablierte sich ein regelmäßiger Schiffsverkehr nach Indien, bei dem man Anfang des Sommers vom Persischen Golf oder vom Roten Meer aus die Hinfahrt über den Ozean antrat und ab Dezember wieder zurückfuhr. Große Frachtschiffe brachten seit dem 2. Jh. n. Chr. Pfeffer und andere fernöstliche Spezereien über den Indischen Ozean zurück an die arabische oder somalische Küste. Die infolge der direkten Seeroute deutlich gestiegenen Gewürzimporte führten dazu, dass fernöstliche Spezereien in der gehobenen römischen Küche der Kaiserzeit eine wichtige Rolle spielen konnten.

Die Kenntnis, wie in der römischen Küche mit Gewürzen umgegangen wurde, verdanken wir dem so genannten Apicius-Kochbuch, dem ältesten Kochbuch, das uns überliefert ist. Es umfasst rund 500, in Vulgärlatein (»Küchenlatein«) geschriebene Rezepte, die zwischen 350 n. Chr. und 450 n. Chr. von einem Unbekannten niedergeschrieben und unter dem Namen des berühmten Feinschmeckers und frühkaiserzeitlichen Küchenautors Marcus Gavius Apicius veröffentlicht wurden.

Diese Rezeptesammlung zeigt, welche Gewürze im alten Rom beliebt waren: an oberster Stelle Pfeffer und das Universalwürzmittel Garum. Dann folgten Liebstöckel, Kreuzkümmel, Koriander, Raute, der knoblauchartig riechende Stinkasant (*Asa foetida*), Minze, Oregano, Dost, Dill, Thymian, echter Kümmel, Petersilie, Bohnenkraut, Lorbeer und viele andere mehr. Insgesamt werden in den Apicius-Rezepten über 80 verschiedene Gewürze und Würzmittel genannt, darunter auch, allerdings an nachgeordneter Stelle, aus dem Orient importierte wie Ingwer, Kardamom, Zimt und Gewürznelke.

Die Römer verbreiteten mediterrane Gewürzpflanzen

Die Küche Italiens hielt auch in den römischen Provinzen Einzug. Zur allmählichen Romanisierung, d. h. zur Anpassung der Lebensweise neu annektierter Gebiete an römische Traditionen, gehörte ein weit gehender Wandel der Ernährungsgewohnheiten. Diese »kulinarische Romanisierung« erweiterte das Verbreitungsgebiet vieler Nutzpflanzen erheblich und machte mediterrane Pflanzen, beispielsweise Fenchel, Knoblauch und Koriander, auch in den nördlichen Provinzen des Römischen Reiches heimisch. Was sich aus klimatischen Gründen nicht einbürgern ließ, für die römische Küche aber unverzichtbar geworden war, wurde weiterhin importiert, darunter vor allem Pfeffer. Im römischen Legionslager von Bergkamen-Oberaden (Nordrhein-Westfalen) konnte die Verwendung von schwarzem und weißem Pfeffer bereits für die Zeit um 10 v. Chr. nachgewiesen werden. Pfefferfunde aus provinzialrömischer Zeit wurden auch in Straubing in Bayern und in Trier gemacht.

Vorrangstellung des Pfeffers

Die quantitative Auswertung der Apicius-Rezepte zeigt, dass Pfeffer das eindeutig am häufigsten verwendete Gewürz im alten Rom war: in 80 Prozent der Rezepte wird er verwendet. Man könnte die gehobene römische Küche der Kaiserzeit fast pfeffersüchtig nennen. Im Normalfall dürfte schwarzer Pfeffer verwendet worden sein, die bei weitem billigste Pfeffersorte, die im 1. Jh. n. Chr. nur ein Viertel des Preises des langen Pfeffers und nur die Hälfte des Preises des weißen Pfeffers kostete. Schwarzer Pfeffer war in der Spätantike kein Luxusartikel mehr, sondern ein auch für mittlere Einkommensschichten erschwingliches Alltagsprodukt, auf das weite Bevölkerungskreise des Römischen Reiches nicht mehr verzichten wollten.

An der römischen Küche fallen zwei Eigenheiten auf: Zum einen liebte sie Geschmackskontraste. Dies lässt sich vor dem Hintergrund der damals geltenden Elementen- und Viersäftelehre, auf die im Kapitel über Safran näher eingegangen wurde, leicht damit erklären, dass man versuchte, die Kräfte und Qualitäten der einzelnen Nahrungsmittelkomponenten durch entsprechende Kombinationen zu »temperieren«, also auszugleichen. Im alten Rom schätzte man es, in einem Gericht Süßes und Bitteres, Süßes und Saures, Süßes und Scharfes (Gepfeffertes) miteinander zu vereinen. So aß man beispielsweise gepfeffertes Obst und liebte gepfefferte Süßspeisen. Gewürze galten nach der Viersäftelehre als warm und trocken und wurden daher gerne mit kalten und feuchten Lebensmitteln kombiniert. Für Pfeffer galt dies in besonderem Maße: er war nach den damaligen Vorstellungen, die auch Abstufungen der einzelnen Qualitäten kannte, warm und trocken im dritten Grade, also besonders warm und trocken. Zweitens fällt auf, dass die Würzmittel nicht – wie heute – eingesetzt wurden, um den Eigengeschmack eines Nahrungsmittels dezent zu unterstreichen. Im Gegenteil, deren Eigengeschmack wurde durch die Gewürze sogar gänzlich verdeckt und verändert. Ein künstlich kreierter Geschmack wurde ganz offenbar höher geschätzt als die natürliche Geschmacksnote.

Gewürzweine in der Antike

Die Römer liebten nicht nur stark gewürztes Essen, sondern auch gewürzten Wein. Antike Gewürzweine waren relativ süß und ähnelten geschmacklich eher einem heutigen Likör als einem modernen Wein. Wir kennen mehr als 50 verschiedene römische Würzweinrezepte, so für Wein mit Myrten, Veilchen, Wacholder, Fichtennadeln, Kamille, Lorbeer, Minze, Fenchel, Dill, Oregano, Anis, Pistazien, Rosenblättern und Wermut.

Im engeren Sinne verstand man unter einem gewürzten Wein *(vinum conditum)* eine Mixtur aus Wein, Honig, Pfeffer und – je nach Rezept – weiteren Gewürzen. Pfeffer scheint dabei geschmacklich so dominant gewesen zu sein, dass Gewürzwein

▲ **Ringförmige Flasche** *aus Ton, 3. oder 4. Jh. n. Chr., mit der Signatur »Wirtin, fülle meine Kehle mit Bier/Herr Wirt, hast du gepfefferten Wein? Es gibt welchen. Gieß ein, gib her.« Die Inschrift belegt, wie beliebt gewürzter und ganz besonders gepfefferter Wein bei den Römern war. Photo: Musée Carnavalet, Paris.*

▶ **Römisches Sieb** *zum Abseihen von Gewürzwein. Photo: Limes-Museum, Aalen*

Pfeffer

auch als *vinum piperatum* bekannt war. Gewürzwein wurde vor allem in der Medizin geschätzt, wo er – wie Honig – eine Art Allheilmittel war, das griechische und römische Ärzte bei allen nur denkbaren Krankheiten verordneten, innerlich wie äußerlich.

Die Vorstellung, dass ein besonders guter Wein rein und unvermischt getrunken werden solle, war dem Altertum allerdings nicht unbekannt. Plinius der Ältere hielt viele der üblichen Zutaten, die den Wein in Geschmack, Geruch und Aussehen verbessern sollten, für schädlich. Die Wertschätzung des unvermischten Weins geht auch aus zahlreichen Aufschriften auf Bechern hervor, in denen der Wirt aufgefordert wurde, reinen Wein einzuschenken. Manche Weine wurden wie unser Glühwein heiß getrunken, andere gekühlt. Beim Einschenken seihte man den Wein durch ein Bronzesieb, um die darin schwimmenden Gewürze und den Bodensatz nicht in die Becher gelangen zu lassen.

Gewürzweine im Mittelalter

Die antike Tradition, gewürzte Weine zu trinken, lebte im Mittelalter weiter. Je nach Gegend, Farbe der Traube, Süßegrad und dem jeweiligen Aroma waren Würzweine unter verschiedenen Namen wie Pigmentum, Piperatum, Claret, Lutertrank und Sinopel bekannt. Der edelste hieß zu Ehren des griechischen Arztes Hippokrates Hypocras.

In der mittelalterlichen Klostermedizin spielten Kräuterweine eine besonders große Rolle. Für jedes Organ des menschlichen Körpers gab es einen speziellen Wein, dessen Kräfte nur in dem in Mitleidenschaft gezogenen Organ zur Wirkung gelangen konnte. Die Kräuterweine waren in mittelalterlichen Klöstern so populär, dass viele Prediger gegen diese Vorliebe der Mönche wetterten. Mannigfache Vorschriften wurden erlassen, um ihren Konsum in Grenzen zu halten, meist mit wenig Erfolg, da man sich immer auf den medizinischen

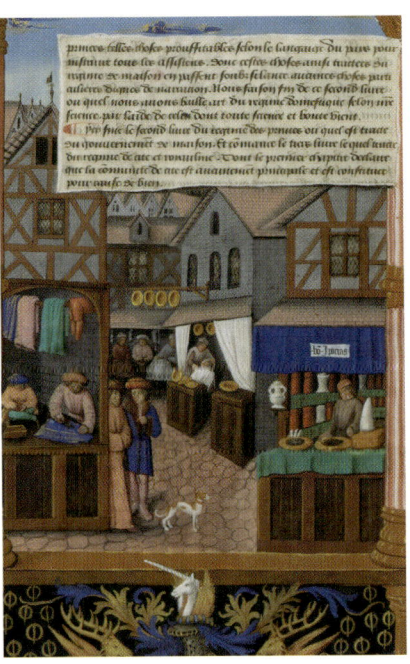

◀ **Gewürzhändler** *aus dem Hausbuch der Mendelschen Zwölfbrüderstiftung. Die Säckchen mit der schwarzen Füllung im Vordergrund des Tisches dürften mit Pfeffer gefüllt gewesen sein, im Hintergrund links Muskatnüsse, vorne rechts Zimtstangen. Das rote Gewürz im Vordergrund dürfte Safran sein. Photo: Stadtbibliothek, Nürnberg*

▲ **Verkauf von Hypocras,** *einem glühweinartigen Heilmittel, das aus Wein, Zucker – man beachte den Zuckerhut auf der Theke des Verkaufsstandes – und Gewürzen hergestellt wurde, in einer Darstellung des 15. Jahrhunderts. Aus dem einstigen Heilmittel wurde mittlerweile ein reines Genussmittel. Photo: Bibliothèque nationale, Paris*

Charakter des Getränkes herausredete. Erst im 18. Jahrhundert kamen neue Qualitäts-, Reinheits- und Geschmacksvorstellungen für Weine auf: Man bevorzugte sie nun in reiner, nicht aromatisierter Form. Heute ist Würzwein bei uns in Mitteleuropa fast nur noch in Form von Wermutwein auf dem Markt. Auch der weihnachtliche Glühwein ist ein Überbleibsel des einstigen Brauches, Würzwein zu trinken.

Pfeffer – im Mittelalter wieder ein Luxusgut

Pfeffer hatte sich mit den Römern schnell im gesamten Römischen Reich verbreitet, auch nördlich der Alpen. Seit der Antike kam er ohne wesentliche Unterbrechung alle Jahrhunderte hindurch nach Europa.

Nach dem Untergang des Römischen Reiches (395 n. Chr.) waren die Importmengen infolge der langen Transportwege zurückgegangen, so dass Pfeffer, der in der Spätantike bereits ein Alltagsgewürz war, zeitweise wieder ein teures Luxusgut wurde. Für seine hohe Wertschätzung im frühen und Hochmittelalter gibt es viele Beispiele: Gegen eine Tributzahlung von 3000 Pfund Pfeffer hob 408 n. Chr. der Westgotenkönig Alarich eine Belagerung Roms auf. Im Jahr 1111 gelang Kaiser Heinrich V. die Schlichtung eines Streits zwischen Venedig und Padua – als Dank dafür erhielt er von der Lagunenstadt 50 Pfund Pfeffer jährlich. Zölle, Pachten und Steuern wurden im späten Mittelalter oft in Pfeffer gezahlt oder erhoben. Eine Mitgift konnte ausschließlich aus Pfeffer bestehen, und in Zeiten des Bargeldmangels verwendete man ihn sogar als Zahlungsmittel. Das so genannte Pepergelt, ein Beispiel für so genanntes Natur- oder Nutzgeld, wurde Korn für Korn auf den Tisch gezählt. In der Tat behält Pfeffer, so lange er nicht gemahlen wird, jahrelang seinen ätherischen Ölgehalt und damit seinen Wert. Insofern ist er tatsächlich eines der wenigen Naturprodukte, die gehortet und jahrelang aufbewahrt werden können.

Von den Handelszentren an der indischen Malabarküste gelangte der Pfeffer auf den jahrhundertealten kombinierten Land- und Seehandelswegen entweder über den Persischen Golf oder aber über das Rote Meer in die Häfen des Mittelmeerraumes. Dort hatten im 14. und 15. Jahrhundert vor allem die Seestädte Genua und Venedig ihre Faktoreien. In Venedig, das im Pfefferhandel eine besonders dominierende Rolle spielte, holten deutsche Kaufleute die Ware ab und transportierten sie in Fuhrwerken oder auf dem Rücken von Lasttierkarawanen via Reschenpass oder Brenner über die Alpen nach Nürnberg, dem seit dem Spätmittelalter wichtigsten Zentrum des Drogenhandels in Deutschland. Auf dem Weg vom indischen Erzeuger bis zum deutschen Endverbraucher erhöhte sich der Preis des Pfeffers infolge der vielen Zwischenhändler mindestens um das Fünfzehnfache.

Pfeffermedikamente im Mittelalter

Pfeffer machte den Löwenanteil der Gewürze aus, die von Venedig aus nach Norden transportiert wurden: Ganze 75 Prozent der transportierten Mengen entfallen auf ihn. Seine große Beliebtheit ist dadurch zu erklären, dass er im Mittelalter mehr war als ein beliebtes Speisegewürz, er war vor allem ein gern verwendetes Arzneimittel, das in Europa bei all jenen Beschwerden verschrieben wurde, die traditionell schon die alten indischen Ärzte mit Pfeffer behandelten: zur Förderung der Verdauung bei Magenbeschwerden, Blasenkatarrh und Infektionen

Pfeffer

der Harnwege. Ein Rezept, das ein Leibarzt Kaiser Karl des Großen (742–814) gegen Bauchschmerzen verschrieb, enthält nicht weniger als 22 Gewürzzutaten, unter anderem Pfefferkörner, Ingwer, Muskat, Zimt und Safran. Auch in deutschen Klosterapotheken wurde Pfeffer bereits Ende des 9. Jahrhunderts viel verwendet. Im *Bamberger Antidotarium* aus dem späten 9. oder frühen 10. Jahrhundert enthalten 35 von 51 Rezepten Pfeffer als Bestandteil. Nicht selten wurde weißer und schwarzer Pfeffer sogar in einem Rezept verschrieben. Bei Harnwegsinfektionen empfahl man ein Medikament aus Pfeffer, Petersilie, Spargelsamen, Steinbrech, Liebstöckel, Honig und Ziegenmilch. Der Autor des *Macer floridus*, eines drogenkundlichen Handbuches, das die Heilkräfte von 77 Kräutern und Wurzeln beschrieb, hielt im 11. Jahrhundert folgendes über die Nützlichkeit des Pfeffers in der Pharmazie fest: »Niemand kann alle Kräfte des Pfeffers beschreiben, denn beinah sämtliche Arzneien verlangen Pfeffer als Ingredienz, und auch vielen kostspieligen Antidoten [Gegengiften] pflegt Pfeffer beigemischt zu werden.«

In der Krankendiät galt Pfeffer als appetitanregendes Stärkungsmittel für alte Menschen. Aber es gab auch kritische Stimmen, die davor warnten, dass er gesundheitsschädigend wirken könne, wenn er nicht, wie nach der Viersäftelehre erforderlich, gleichzeitig mit kalten und feuchten Speisezutaten verzehrt werde. Zumindest wirkte er bei Nichtbeachtung dieser Regeln wenigstens aphrodisierend.

Pfeffer als Aphrodisiakum

Nach der Elementen- und Viersäftelehre wurden die meisten Gewürze als trocken und heiß eingestuft. Pfeffer galt sogar als trocken und heiß im dritten Grade und versprach deswegen ein besonders wirksames Aphrodisiakum zu sein. Zahlreiche pfefferhaltige Elixiere und Würzweine wurden nur zu diesem Zwecke verabreicht. Als vermeintliches Aphrodisiakum hatte Pfeffer eine lange Tradition. Bereits die Römer bereiteten verschiedene, äußerlich aufgebrachte oder innerlich eingenommene Stimulanzien auf Pfefferbasis. Möglicherweise wirkten sie über die lokal reizenden Eigenschaften des Pfeffers und die bessere Durchblutung der Bauchregion tatsächlich ein bisschen belebend.

Pfeffer in der mittelalterlichen Küche

Die mittelalterliche Küche der Fürstenhöfe, der Burgen und Klöster – und nur über diese wissen wir in groben Zügen Bescheid – würzte, wie wir dank einiger Kochbücher aus dem 13. und 14. Jahrhundert, dank erhaltener Rechungen und Zolllisten, aber auch aus der Belletristik wissen, zweifellos gerne und viel. Das geschah entgegen anders lautenden Legenden jedoch nicht, um mit orientalischen Gewürzen den Geschmack verfaulenden Fleisches zu kaschieren: Fleisch wurde immer frisch gekauft und verzehrt.

Auch die Behauptung, der üppige Gewürzverbrauch des Mittelalters zeige den Einfluss moslemischer Kochkultur, die die Kreuzfahrer im Orient kennen gelernt und in ihre Heimat zurückgebracht hätten, ist wenig plausibel, da die Moslems der römischen Kräuterküche viel länger als das christliche Abendland treu geblieben waren. Die beiden abschätzig gemeinten Erklärungen sind im 19. Jahrhundert formuliert worden, in dem man das Mittelalter einerseits romantisierte, es sich andererseits als eine barbarische Zeit vorstellte, in der es selbstredend nur eine barbarische, fette, schwere und ungenießbare Kost gegeben haben konnte.

Die spätmittelalterliche Kochkunst unterschied sich in einigen Punkten deutlich von der Esskultur der Spätantike. So wurde die in der Antike so beliebte Fischsauce Garum und der knoblauchartig riechende Stinkasant *(Asa foetida)* im Mittelalter kaum mehr zum Würzen verwendet. Auch wurden, wie ein Vergleich zwischen den Apicius-Rezepten und denen mittelalterlicher Kochbücher zeigt, andere Gewürze verwendet als in der Antike und diese auch in größerer Zahl: Oft erforderte ein mittelalterliches Rezept sechzehn verschiedene Gewürze. Die Kräutervielfalt der römischen Küche war im Mittelalter den fernöstlichen Importgewürzen gewichen: Es dominierten Gewürznelken, Kardamom, Galgant, Muskatnuss, Muskatblüte, Paradieskörner, Kubebenpfeffer, Zitwer und, vor allem im 14. Jahrhundert, Ingwer, Safran, Zimt und Zucker, der damals noch als Gewürz galt. Mit Pfeffer, der in der antiken Küche noch so dominant war, würzten die spätmittelalterlichen Köche nur noch sehr maßvoll.

Die mittelalterliche Gesellschaft war eine ständische Gesellschaft. Dem Einzelnen wurde seine Stellung in der sozialen Hierarchie durch obrigkeitliche Speise- und Kleiderordnungen immer gegenwärtig gehalten. Die teureren fremdländischen Gewürze wurden höher geschätzt als die einheimischen, so dass die reichliche Verwendung der exotischen Drogen eine gute Gelegenheit bot, seine soziale Stellung zu demonstrieren. Pfeffer, Ingwer, Nelken, Zimt, Muskatnüsse und -blüten und Safran in großen Mengen zu verwenden, galt als Zeichen feiner Lebensart. Die heimischen Gewürze wie Kerbel, Knoblauch, Kümmel, Petersilie, Minze, Anis, Salbei, Zwiebel, Meerrettich, Sellerie, Fenchel, Senf und Poleiminze waren dagegen den sozial niedriger stehenden Schichten vorbehalten. Seit Pfeffer infolge der Kreuzzüge regelmäßig ins Abendland gelangte und sein relativ stabiler Preis den regelmäßigen Konsum begünstigte, eignete er sich weniger gut zu Repräsentationszwecken als die nach wie vor teuren so genannten feinen Gewürze Nelken, Muskatnuss und Macis. Aufgrund ihres Preises waren diese weiterhin nur für den Hochadel erschwinglich, in dessen Küche der vergleichsweise billige Pfeffer fortan nur noch eine untergeordnete Rolle spielte.

Darstellung *eines spätmittelalterlichen Festmahls aus dem Stundenbuch des Duc de Berry, 15. Jh. Auf dem Tisch ist rechts ein prachtvolles goldenes Gewürzschiff zu sehen, in dem für damalige Verhältnisse immens große Mengen Gewürze für die Gäste bereit gehalten wurden. Photo: Musée Condé, Chantilly*

Pfeffer

Wichtig war Pfeffer zur Bereitung von Tunken und Soßen, die in der mittelalterlichen Küche eine große Rolle spielten. Da das Fleisch meist am Spieß oder auf dem Rost gebraten wurde, steuerte es seine Geschmackskomponenten nie zu den Soßen bei. Diese mussten folglich mit anderen Zutaten als Fleisch hergestellt werden. Immer schmeckten sie süß-sauer. Als unverzichtbare Zutat zu diesen Essig/Honig-Tunken galten Gewürze, namentlich Zwiebeln, Kümmel und Pfeffer. Die überragende Bedeutung der pfefferhaltigen Saucen lassen die Namen althergebrachter Gerichte wie »Pfefferpothast« oder »Hasenpfeffer« bis heute erkennen. Die dicken Tunken wurden mit Pfefferkuchen, einem Vorläufer unseres Soßenlebkuchens, angedickt, der als Bindemittel und Geschmacksverstärker diente.

Kandierte Gewürze

Ein wichtiger, wenn nicht sogar der wichtigste Grund für den auffallend hohen Gewürzverbrauch des Mittelalters lag in den medizinischen Auffassungen der damaligen Zeit, nämlich der aus der Antike übernommenen Elementen- und Viersäftelehre. Nur das Bestreben, durch kluge Wahl der Nahrungsmittel tägliche Gesundheitsprophylaxe zu betreiben, erklärt, warum man alles Essbare so intensiv würzte: Speisen, Getränke wie Wein oder Bier und sogar die Desserts.

Nach dem Essen tat sich die Aristokratie im Mittelalter an kandierten oder in Zuckersirup eingelegten Gewürzen gütlich, z. B. an kandiertem Ingwer oder Galgant, kandierten Muskatnüssen, zuckerüberkrusteten Pfefferkörnern, Gewürznelken oder Kardamomen. Der Ursprung dieser Leckereien war eindeutig die Apotheke. Das Kandieren frischer, verderblicher Gewürze mit Zucker oder Honig war dort eine gängige Methode der Konservierung, umso mehr, als Zucker in dieser Zeit selbst als heilkräftiges Gewürz angesehen wurde. Kandierte Ingwerstäbchen oder kandierte bittere Orangenschalen waren ursprünglich also Arzneimittel, die sich, ähnlich wie der ursprünglich nur aus medizinischen Gründen getrunkene Gewürzwein, erst allmählich zum reinen Genussmittel entwickelten.

Die Suche nach dem Paradies

Das Pfefferland Indien, jenes geheimnisvolle, weit entfernte Land, beflügelte die europäische Phantasie seit jeher. Seit der Antike übertrugen die Abendländer alle Wünsche und

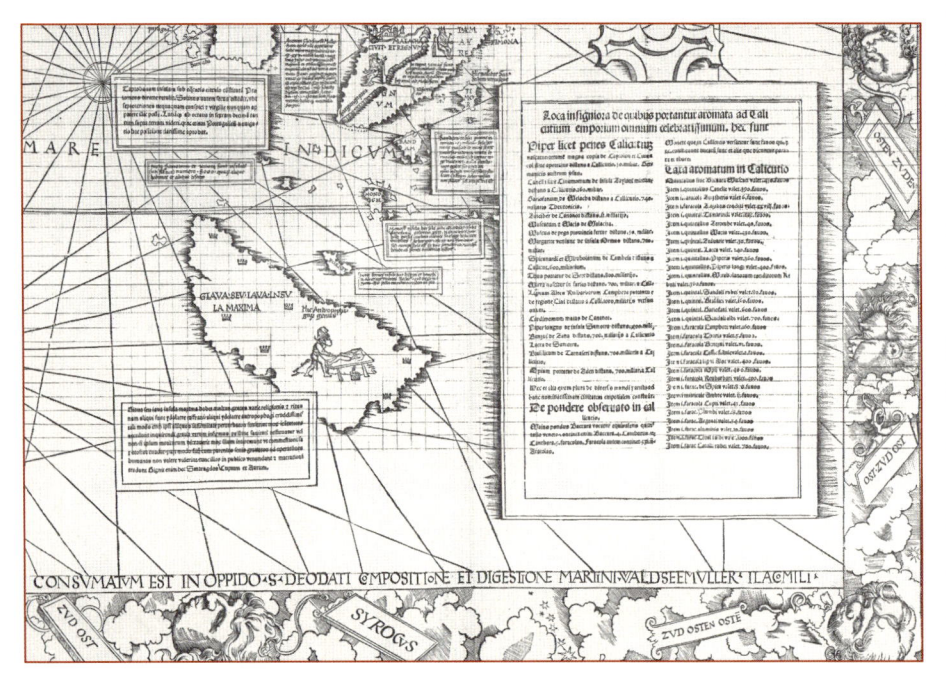

Utopien auf dieses unbekannte Land mit seinen als unermesslich gedachten Schätzen und Wundern. Die orientalischen oder indischen Gewürze – die Begriffe »Orient« und »Indien« wurden nur ungenau und aus Unwissenheit vielfach als Synonyme gebraucht – waren für den mittelalterlichen Menschen Sendboten aus einer sagenhaften Welt, aus dem Paradies. Diesen Ort des Überflusses und der Glückseligkeit stellte man sich irgendwo im Osten liegend und damit in der Nähe des Orients vor. Der aromatische Duft der Gewürze wurde als ein Hauch von Ewigkeit verstanden, der aus dem Paradies in die menschliche Welt hinüberwehte. Man stellte sich vor, dass Pfeffer direkt aus dem Paradies stamme und dass Ingwer und Zimt von ägyptischen Fischern aus dem Nil gefischt werde, der sie geradewegs aus dem irdischen Paradies angeschwemmt habe. Dort seien die kostbaren Schätze durch den Wind, der die Bäume des Gartens Eden geschüttelt habe, in den Fluss gefallen.

Derartige Vorstellungen waren ein wichtiger Impuls für die Suche nach einem Seeweg nach Indien und damit zu den Schätzen des Orients. Dazu waren Ende des 15. Jahrhunderts in Europa die technologischen, materiellen und geistigen Voraussetzungen gegeben.

◀ **Karte von Martin Waldseemüller,** *gestochen in Straßburg 1516, mit einer Tafel mit Gewichtseinheiten, nach denen Gewürze in Calicut und Indonesien angeboten wurden. Die Tabelle bestätigt die Bedeutung des Pfeffers für den Handel der Zeit. Photo: Deutsches Museum, München*

▶ **Antwerpen war zeitweise** *der wichtigste Umschlagplatz für alle Importgewürze, wurde um das Jahr 1600 jedoch in seiner Bedeutung von Amsterdam abgelöst. Das Ölgemälde von Sébastien Vrancx (1573–1647) zeigt das geschäftige Treiben der Händler im Antwerpener Hafen. Photo: Musée Massey, Tarbes*

Der Weg ins Pfefferland

Auf der Suche nach einem Seeweg nach Indien, der westwärts über den Atlantik führte, stieß Kolumbus 1492 auf die Neue Welt. Die eigentlich gesuchten Spezereien des Orients, insbesondere den begehrten Pfeffer, fand er dort enttäuschenderweise zwar nicht, wohl aber ein anderes scharf schmeckendes Gewürz, nämlich Chilis. Wegen dessen pfefferähnlicher Schärfe und weil er bis an sein Lebensende überzeugt war, in Indien gewesen zu sein, nannte Kolumbus das neue Gewürz »indianischer oder indischer Pfeffer«.

1497–1499 fanden die Portugiesen einen östlichen Seeweg nach Indien, der rund um das Kap der Guten Hoffnung führte: Im Mai 1498 erreichte Vasco da Gama das indische, an der »Pfefferküste« liegende Fernhandelszentrum Calicut. Zwei seiner ursprünglich vier Schiffe kehrten reich beladen mit Spezereien, darunter auch Pfeffer, nach Lissabon zurück. Ab 1500 schickte die portugiesische Krone Jahr für Jahr eine Flotte nach Asien, um die Schätze des Orients nach Europa zu holen.

In Europa wurde Antwerpen der bedeutendste Umschlagplatz für alle Waren aus dem Orient. Während des 16. Jahrhunderts war jedoch auch Venedig

Pfeffer

noch im Asienhandel aktiv. De facto teilten sich Portugal und Venedig den Markt mit weitgehend aufeinander abgestimmten Preisen. Venedig importierte den so genannten Mittelmeerpfeffer, d.h. Pfeffer, der auf den alten Karawanenstraßen über die Levante und das Mittelmeer nach Europa kam, Portugal dagegen den Atlantikpfeffer, d.h. Pfeffer, der auf der Kaproute nach Lissabon und später nach Antwerpen gelangte. Während der Atlantikpfeffer zum größten Teil durch Ausfuhr von Münzmetall und Münzen bezahlt wurde, wurde der Mittelmeerpfeffer mit in Arabien und Indien begehrten Tauschwaren aus den Mittelmeerländern bezahlt: Kupfer, Korallen, Stoffen, Quecksilber. Abgesehen von Edelmetall hatte der Westen jedoch zu allen Zeiten wenig an eigenen Produkten im Austausch gegen die begehrten Luxusgüter des Orients zu bieten.

Die protestantischen Mächte Nordwesteuropas treten auf den Plan

Mit der Gründung der englischen »East India Company« (EIC) im Jahre 1600 und der niederländischen »Verenigde Oost-Indische Compagnie« (VOC) im Jahre 1602 geriet das Pfeffermonopol Venedigs und Portugals allmählich ins Wanken. Nach und nach verdrängten Engländer und Niederländer die Portugiesen aus Ostasien. Beide neu auf den Plan getretenen Mächte unterbanden mit militärischen Mitteln den arabisch-venezianischen Zwischenhandel, der im Wesentlichen über Alexandria abgewickelt wurde. Damit wurde der Handel mit Mittelmeerpfeffer, der Venedig reich gemacht hatte, unrentabel. Die langjährige Vormachtstellung Venedigs neigte sich dem Ende entgegen.

Im Kampf um die ostasiatischen Erzeugerregionen zeigte sich die VOC bald als die kapitalkräftigere und militärisch überlegene Gesellschaft. Sie deckte den Großteil des europäischen Bedarfs, so dass Amsterdam um 1600 zum europäischen Haupthandels- und Börsenplatz aufstieg. Das Ziel der VOC, den Pfefferhandel ähnlich zu monopolisieren wie ihr das im Falle des Muskatnuss- und Gewürznelken-

Pfeffer- und Gewürzmarkt *auf der Insel Banda in den Südmolukken im Jahr 1646. Photo: Bibliothèque générale de l'Université, Lüttich*

handels gelang, ließ sich allerdings nicht durchsetzen. Pfeffer war ein Erzeugnis, das viele miteinander konkurrierende Anbieter auf den Markt brachten. Es eignete sich folglich nicht für ein Monopol wie die raren, nur in einer geographisch eng umgrenzten Region vorkommenden »feinen Gewürze« Muskatnuss und Nelken.

Der Pro-Kopf-Verbrauch von Pfeffer pendelte sich in Europa allmählich bei stabilen 16 bis 18 Gramm pro Jahr ein. Trotz des mehr oder weniger stagnierenden Verbrauches lohnte sich der Pfefferimport bis zum Ende des 18. Jahrhunderts aber nach wie vor. Die langen Transportwege bedingten, dass eine Prognose, wie viel Pfeffer alljährlich auf den europäischen Markt gelangen würde, sehr schwierig war. Diese Unsicherheit bezüglich des Umfanges der Sendungen und ihrer Ankunftszeit war ein fruchtbarer Boden für hohe Spekulationsgewinne.

Trotz der Vorherrschaft der VOC beteiligte sich die EIC weiter am Pfefferimport. Sie konnte die importierten Quantitäten sogar noch steigern, weil große Mengen Pfeffer in die Neue Welt und das muslimische Kleinasien reexportiert wurden.

Im 19. und 20. Jahrhundert ging die Bedeutung des Pfeffers als Importgut in Europa im Vergleich zu anderen Kolonialwaren wie Zucker, Tee, Kaffee und Kakao allmählich zurück, auch wenn die absoluten Einfuhrmengen zunahmen und der Pro-Kopf-Verbrauch ständig stieg.

Das ostindische Haus *der niederländischen »Vereinigte Oost-Indische Compagnie« in Amsterdam im Jahr 1686. Amsterdam hatte um 1600 Antwerpen als wichtigste Fernhandelsstadt abgelöst. Das große Verwaltungsgebäude der VOC spiegelt die Macht der Handelskompanie wider. Photo: Deutsches Museum, München*

Pfeffer produzierende Länder heute

Pfeffer *(Piper nigrum)* wird heute in vielen tropischen Regionen angebaut. Durch die jahrtausendelange Auslese dieser Kulturpflanze bildeten sich verschiedene Varietäten und Unterarten heraus. Sie unterscheiden sich im Wesentlichen durch ihren Gehalt an Aromastoffen. Der Pfefferanbau ist eine ausgesprochen arbeitsaufwändige Intensivkultur und wird daher meist im Familienverband betrieben: Pfeffer ist sehr empfindlich und verlangt viel Pflege. Nach Ernte und erfolgter Aufbereitung zu schwarzem, weißem oder grünem Pfeffer wird dieser von Händlern oder Genossenschaften aufgekauft und kommt unter dem Namen des Distrikts oder Ausfuhrhafens auf den Markt.

Der wichtigste Pfefferproduzent der Welt ist immer noch der südostasiatische Raum, vor allem Indonesien, Malaysia, Indien, Sri Lanka, Sumatra und Thailand. Die Bedeutung Südostasiens zeigt sich auch daran, dass das Zentrum des Pfefferhandels nach wie vor Singapur ist. Nach dem Zweiten Weltkrieg wurde im feucht-warmen Amazonasgebiet Brasiliens mit großem Erfolg eine neue Anbauregion geschaffen, die heute mit etwa 34 Prozent Marktan-

Pfeffer

teil zu den großen Pfefferproduzenten der Welt zählt. In Brasilien ist die Pfefferkultur dem Kleinbetrieb entwachsen und auf dem Weg zu industriell angelegten Großplantagen. Pfeffer wird darüber hinaus auch auf Madagaskar, den Philippinen und in einigen Gegenden Westafrikas angebaut.

Verwendung

Pfeffer ist aufgrund seiner universellen Würzeigenschaften das mengenmäßig am meisten gebrauchte Gewürz der Welt. Auch in der Bundesrepublik ist er der beliebteste »Scharfmacher«. Bei uns werden, dicht gefolgt von Paprika, pro Kopf jährlich im Durchschnitt 230 Gramm Pfeffer gegessen. Pfeffer, den wir in Form von Fertigprodukten, Kantinen- oder Restaurantessen zu uns nehmen, ist dabei miteingerechnet. In Deutschland ist er besonders ein Gewürz für Fleisch- und Wurstwaren, Fischgerichte, Salate, Soßen, Suppen und Gemüse. Seit einigen Jahren gibt es auch Wurst, Schinken und Käse, die außen dicht mit geschrotetem schwarzem Pfeffer bestreut sind.

Weltweit werden etwa 145 000 Tonnen Pfeffer geerntet, wovon im Jahr 1997 ca. 19 000 und 2000 ca. 17 450 Tonnen, d. h. etwa 15 Prozent der weltweiten Ernte, nach Deutschland importiert wurden. Diesen Zahlen sei gegenübergestellt, wie viel Kardamom die Bundesrepublik im gleichen Zeitraum einführte: 1997 waren es 431 und 2000 sogar nur 309 Tonnen.

Dieser Vergleich zeigt deutlich, welchen Stellenwert der vielseitig verwendbare Pfeffer bei uns als Gewürz hat: Ständig kommen neue Gewürzmischungen auf den Markt, die Pfeffer als Bestandteil haben.

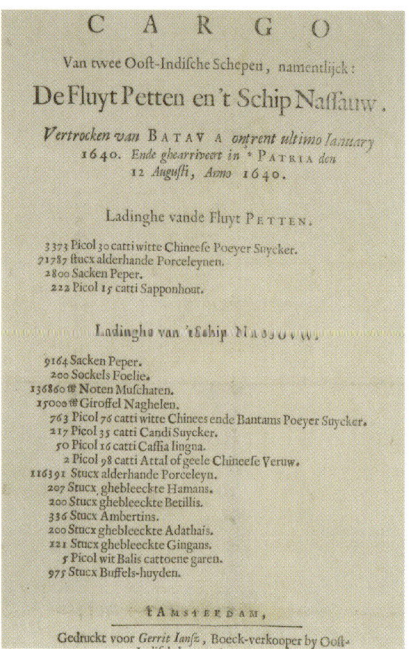

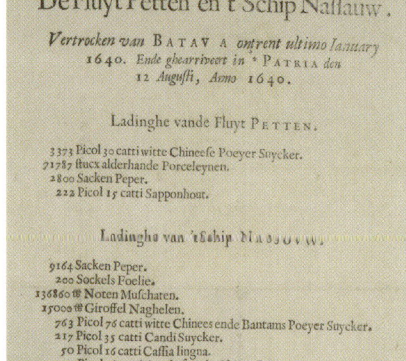

Verarbeitung

Pfeffer muss, bevor er in den Gewürzmühlen gemahlen wird, sorgfältig gereinigt werden. Mit Magneten werden alle im Erntegut enthaltenen Metallteile (z. B. Nägel) entfernt. Anschließend werden alle weiteren Ver-

◀ **Das Stillleben** von Gotthardt von Wedig (1583 – 1641) zeigt ein kleines, wertvolles Silberdöschen mit vier verschiedenen Gewürzen, von denen eines sicherlich Pfeffer ist. Gewürzdöschen, die dem hier abgebildeten ähneln, haben sich recht zahlreich in verschiedenen Museen erhalten. Photo: Wallraf-Richartz-Museum, Köln

▲ **Ladungsliste** eines niederländischen Ostindienfahrers aus dem Jahre 1640. Das Schiff kehrte mit großen Mengen Pfeffer, Muskatnuss und Zimt an Bord in die Niederlande zurück. Photo: Nederlands Scheepvaartmuseum, Amsterdam

unreinigungen wie übrig gebliebene Rispen, Schalen und Staub beseitigt. Erst dann wird der Pfeffer gemahlen. Sein charakteristisches Aroma und seine Schärfe erhält der Pfeffer durch seine Inhaltsstoffe. Für die Schärfe sorgen mehrere Säureamide, darunter vor allem das nicht flüchtige Pfefferalkaloid Piperin. Das Pfefferöl, das leicht flüchtige ätherische Öl des Pfeffers, ist dagegen für das Aroma verantwortlich. Es ist in schwarzem Pfeffer zu 2,0 bis 3,5 Prozent enthalten, in dem feiner schmeckenden weißem Pfeffer dagegen nur zu 1,8 bis 2,9 Prozent.

Das ätherische Pfefferöl enthält über 50 verschiedene chemische Komponenten, ist also sehr komplex zusammengesetzt. Interessanterweise ist einer seiner Hauptbestandteile der Nelkenriechstoff Caryophyllen, das zu immerhin 28 Prozent im Pfefferöl enthalten ist. Damit Letzteres beim Mahlen der Pfefferkörner nicht entweicht, wird Pfeffer sehr behutsam, d.h. in mehreren Stufen und unter Vermeidung jeglicher Wärmeentwicklung, gemahlen. Je gröber das Mahlprodukt ist, umso höher ist seine Aromastabilität und umso geringer ausgeprägt ist seine Schärfe. Sehr fein gemahlener Pfeffer ist ausgesprochen scharf, durch den unvermeidbar eintretenden Verlust an ätherischen Ölen jedoch vergleichsweise wenig aromatisch. Es empfiehlt sich, Pfeffer selber in einer Pfeffermühle zu mahlen, denn bereits pulverisierter Pfeffer verliert sein Aroma schnell.

Aromaschutz durch Mikroverkapselung

Um das empfindliche ätherische Pfefferöl besser vor dem Entweichen zu schützen, setzt man heute in der Gewürzindustrie zunehmend die so genannte Mikroverkapselung ein. Diese Technologie wird in anderen industriellen Bereichen bereits seit längerem mit gutem Erfolg angewandt. Wichtig ist die Mikroverkapselung in der kosmetischen Industrie, um Parfüme herzustellen, die erst beim Verreiben auf der Haut ihren Duft verströmen, in der Papierindustrie für die Farbträger in der Beschichtung von Durchschreibpapieren oder in der pharmazeutischen Industrie zum Schutz von Arzneipulvern, die aus leicht verderblichen Drogen hergestellt wurden, oder aber für Depotpräparate.

Bei der Mikroverkapselung werden Gewürz – z. B. Pfefferkörner – und ein Matrixmaterial, d. h. ein filmbildendes, wasserlösliches Polymer (Cyclodextrin, Stärke, Alginat oder Ähnliches) gemischt und fein vermahlen. Es entstehen gemahlene Pfefferteilchen, kleine Matrixpartikel und bei der Vermahlung freigesetztes ätherisches Pfefferöl. Dann wird die Temperatur im Verarbeitungssystem schnell erhöht,

Kostbare Pfeffermühle *des 18. Jahrhunderts, die die immer noch hohe Wertschätzung der Gewürze zeigt. Bayerisches Nationalmuseum, München*

Pfeffer

so dass sich das Matrixmaterial zu kleinen Tröpfchen verflüssigt. Das beim Vermahlen freigesetzte ätherische Pfefferöl diffundiert in die verflüssigte Matrix und wird in ihr fest gebunden. Durch Umherwirbeln der Partikel im Verarbeitungssystem kommt es zu Zusammenstößen von Pfefferteilchen und Matrixtröpfchen, so dass sich eingekapselte Gewürzagglomerate bilden können. In der Abkühlphase erstarrt die Matrix und bildet eine schützende, mikroskopisch kleine Kapsel um die eingeschlossenen Pfefferpartikel und die nun dauerhaft gebundenen flüchtigen ätherischen Öle. Diese können nun nicht mehr entweichen, so dass das Ergebnis des Mikroverkapselungsprozesses ein lagerfähiges Produkt mit lang anhaltender Würzkraft ist.

Mikroverkapselte Gewürze werden wie herkömmliche Gewürze eingesetzt, allerdings bevorzugt im industriellen Bereich zur Herstellung von Trockenprodukten, beispielsweise Fertigbackmischungen, Instantdrinks und -desserts, Trockensuppen, Snackartikeln, Kaugummis etc. Da die Mikroverkapselung so gesteuert werden kann, dass jede Mikrokapsel einen konstanten, maßgeschneiderten Wirkstoffgehalt hat, ist eine genaue und damit auch gleich bleibende Aromatisierung möglich, was bei den auf einen standardisierten Geschmack eingestellten, industriell produzierten Lebensmitteln sehr erwünscht ist. Angeblich akzeptiert es der Endverbraucher nicht, wenn das Fischstäbchen aus der Tiefkühltruhe oder der Kräuterquark aus dem Kühlregal nicht bei jedem Kauf absolut gleich schmeckt.

Piperin, wichtiger Inhaltsstoff des Pfeffers

Piperin, der mengenmäßig wichtigste Scharfstoff des Pfeffers, war eines der ersten rein dargestellten Pflanzenalkaloide. Es wurde im Jahr 1819 vom dänischen Physiker und Chemiker Hans Christian Oersted (1777–1851) entdeckt und nach *Piper nigrum*, dem botanischen Namen des Pfeffers, Piperin benannt.

Das nicht flüchtige Piperin kommt in den harzigen Bestandteilen der Pfefferkörner, d.h. vor allem in der Fruchtwand der Früchte, vor, ist also keine Komponente des ätherischen Öls. Das ist der tiefere Grund, weshalb schwarzer Pfeffer immer schärfer schmeckt als weißer, von der Fruchtwand befreiter Pfeffer. Biologisch ist der Piperingehalt der Fruchtwand ein chemisches Abwehrmittel der Pfefferpflanze, das die Samen davor schützt, von Tieren gefressen und so dem Reproduktionszyklus entzogen zu werden.

Das farblose bis gelbliche krisalline Piperin ist derart scharf, dass wir es noch in einer Verdünnung von 1:200000 wahrnehmen können. Die chemische Struktur des Piperins lagert sich unter Lichteinfluss leicht zu einer nahezu gleich gebauten, aber nicht

Singapur *ist nach wie vor ein sehr wichtiger Umschlagplatz für allen in Südostasien produzierten Pfeffer, der hier gerade verladen wird. Photo: Teubner Foodstudio, Füssen*

mehr scharf schmeckenden Verbindung um. Deshalb muss man gemahlenen schwarzen Pfeffer unbedingt lichtgeschützt aufbewahren, wenn er nicht schnell an Schärfe verlieren soll.

Bald nach seiner Entdeckung empfahlen Ärzte das scharf schmeckende Piperin als Chininersatz bei Wechselfieber. Allerdings zeigten sich bei der Verabreichung hoher Dosen nicht selten unangenehme Nebenwirkungen, so dass derartige Medikamentenzubereitungen um 1845 wieder aus der Mode kamen. Piperin- bzw. pfefferhaltige Salben wurden bei gewissen Hautkrankheiten wie Krätze auch äußerlich angewandt. Dabei nutzte man die insektizide Wirkung des Piperins, das Krätzemilben in der Tat abtöten kann. Auch gegenüber Kopfläusen ist es ein wirksames Insektizid. Die insektizide Wirkung des Piperins ist übrigens für die Plantagenkultur des Pfeffers sehr nützlich: Dieser natürliche Schutz gegen Schädlinge macht den Einsatz von Spritzmitteln auf Pfefferplantagen überflüssig.

Die Eigenschaften des Piperins sind auch dafür verantwortlich, dass Pfeffer in seinen medizinischen Anwendungen desinfizierend, keimtötend und durchfallhemmend wirkt. Er ist daher in der Tat bei all jenen Magenbeschwerden nützlich, die durch bakterielle Infektionen verursacht werden. Das ist zweifellos auch einer der Gründe, weshalb Pfeffer in so vielen asiatischen und afrikanischen Speisen enthalten ist.

Kurioserweise nutzt auch die Spirituosenindustrie den Scharfstoffgehalt des Pfeffers und damit indirekt die Eigenschaften des Piperins, um Branntweinen, z. B. Brandy, mehr Schärfe zu geben. Allerdings gilt es heute als unzulässig, durch Pfefferzusatz einen höheren als den tatsächlichen Alkoholgehalt vorzutäuschen. Auch gewissen Bitterlikören und Spezialbranntweinen wird Pfeffer zwecks Erzielung eines wärmend-brennenden Geschmacks zugesetzt.

Pfefferersatz in Notzeiten

In der Hausmannskost war der scharf schmeckende Pfeffer seit jeher so beliebt, dass man ihn immer dann ersetzte, wenn er in Kriegs- und Mangelzeiten teuer und knapp wurde. In solchen Ausnahmesituationen musste man oft auf heimischen Pfefferersatz zurückgreifen, auch wenn dessen Geschmack und Aroma teilweise nur vage an echten Pfeffer erinnerte.

Als Ersatzpfeffer diente z. B. »Pfefferkraut«, ein volkstümliches Synonym für das als Küchen- und Wurstgewürz beliebte Bohnenkraut. Zu nennen wäre ferner der in der Volksheilkunde genutzte Mauerpfeffer *(Sedum acre)*, dessen Stängel und Blätter tatsächlich pfefferartig schmecken, oder die Früchte des Mönchspfeffers *(Vitex agnus-castus)*. Letzterer wurde besonders gern in den mittelalterlichen Klostergärten angepflanzt. Seine Früchte hatten den durchaus erwünschten Nebeneffekt, sexuelle Gelüste der Mönche zu dämpfen. Mönchspfeffer wirkt bei Männern als Anaphrodisiakum, dessen einschlägige Wirkungen wegen seines Gehaltes an hormonähnlichen Inhaltsstoffen erst jüngst von der Forschung bestätigt wurden. Bei Frauen dagegen mildert er, ebenfalls wegen seiner hormonähnlichen Inhaltsstoffe, Wechseljahresbeschwerden.

Die Liste der Pfefferersatzstoffe ließe sich lange fortsetzen: Seinem pfefferähnlichen Geschmack verdankt der Pfifferling *(Cantharellus cibarius)* seinen Namen; Gleiches gilt für die Pfefferminze, den Hasenpfeffer (Wurzelstock von *Asarum*), Wasserpfeffer (Früchte von *Calla palustris* oder Blätter von *Polygonum hydropiper*) oder braunen Pfeffer *(Lactarius-Arten)*.

Pfeffer

Neben den heimischen gab es jedoch auch importierte Ersatzpfeffer. Einige davon hatten historisch gesehen große Bedeutung, wie z. B. die heute fast vergessenen Paradieskörner *(Aframomum melegueta),* die wie Ingwer, Kardamom und Zitwer zu den Ingwergewächsen gehören. Paradieskörner sind die Samen einer bis zu 2,5 Meter hohen Rhizomstaude, deren Heimat die westafrikanische Küste entlang des Golfes von Guinea ist. Im 13. und 14. Jahrhundert waren sie als Medikament gegen Magenbeschwerden, Mandelentzündung und vielerlei andere Übel hochbegehrt. Von ihrem Ursprungsort wurden die Paradieskörner, deren Name die oben erwähnte Vorstellung eines Paradieses, in dem die Gewürze wachsen sollten, überdeutlich erkennen lässt, auf Kamelen durch die Sahara transportiert und an der Mittelmeerküste nach Europa verladen. Im 15. Jahrhundert brachten portugiesische Seefahrer, die bei der Umsegelung Afrikas als erste Europäer die Heimat der Paradieskörner kennen lernten und Melegueta-Küste oder Pfefferküste tauften, die braunroten Samen auf dem Schiffswege nach Europa. Dort wurde der Melegueta-Pfeffer zunehmend auch in der Küche als Pfefferersatz verwendet. Das Interesse an ihnen ließ allerdings nach, seit indischer Pfeffer in großen Mengen nach Europa importiert werden konnte. Heute sind Paradieskörner fast nur noch in Westafrika, besonders in Ghana und Nigeria bekannt. Die drei- bis vierkantig gerundeten, an der Basis zugespitzten Samen, deren anatomischer Bau dem der Kardamomen ähnelt, sind in Deutschland schwer zu erhalten. Ganz anders in Frankreich: Für die schwarze Bevölkerung, die aus den ehemaligen westafrikanischen Kolonien Frankreichs stammt, wird Melegueta-Pfeffer dort immer angeboten. Allerdings erlebten Paradieskörner auch in Deutschland eine kurze Blütezeit während

◀ **Die besonderen Heilkräfte** *der pfefferartig schmeckenden Früchte des Mönchspfeffers kannte man schon in der Antike. Abkochungen der Samen wurden als Sitzbad bei Gebärmutterkrankheiten und Unterleibsentzündungen von Frauen eingesetzt. Photo: Botanik-Bildarchiv Laux, Biberach/Riss*

▲ **Blütenstand des Mönchspfeffers.** *Seine Früchte regulieren den weiblichen Hormonhaushalt und stabilisieren den Zyklus in den Jahren vor dem Ausbleiben der Regelblutung. Die Arzneipflanze diente zeitweise auch als Pfefferersatz. Photo: Botanik-Bildarchiv Laux, Biberach/Riss*

des Zweiten Weltkrieges, als man hier von Lieferungen des schwarzen Pfeffers abgeschnitten war.

Ein weiterer ausländischer Ersatzpfeffer war der Mohren-, Neger- oder Kanipfeffer *(Xylopia aethiopica)* aus der Familie der Schuppenapfelgewächse *(Annonaceae)*, einer Pflanzenfamilie, die mit den Muskatnussgewächsen eng verwandt ist. Er ist im tropischen Afrika, z. B. in Sierra-Leone, Angola, Nordzimbabwe oder im Kongogebiet, weit verbreitet und hat dort lokale Bedeutung als Gewürz. Sein Geruch ist pfefferähnlich und etwas an Muskat erinnernd, sein Geschmack ist pfefferartig, allerdings mit bitterem Beigeschmack.

Die eben genannten Pflanzennamen enthalten alle das Wort »Pfeffer«, obwohl sie botanisch gar keine Pfeffergewächse sind. Das spiegelt wider, wie sehr in der deutschen Sprache die Begriffe »scharf« und »pfeffrig« als Synonym verwendet werden.

Kunstpfeffer aus Chemikerhand

Während des Ersten Weltkrieges gab es historisch interessante Versuche, von pflanzlichem Ersatzpfeffer – gehöre er nun zu den echten Pfeffergewächsen oder zu ganz anderen Pflanzenfamilien – völlig wegzukommen und das Pfefferaroma chemisch nachzuahmen. Entsprechende Versuche machte vor allem der spätere Chemie-Nobelpreisträger Hermann Staudinger (1881–1965), der versuchte, den wichtigsten Scharfstoff des Pfeffers, das Piperin, aus in Deutschland verfügbaren billigen Steinkohlenteerprodukten zu imitieren. Er ließ sich 1920 ein entsprechendes Verfahren zur Herstellung von Pfefferersatz patentieren. 1916/17, während des Ersten Weltkrieges, begann man tatsächlich, einen Kunstpfeffer nach Staudingers Verfahren zu produzieren. Die Methode der Wahl bestand darin, 98 Prozent Füllstoffe (Stärkemehl, Kleie, Spelzmehl) mit zwei Prozent der von Staudinger entwickelten, scharf und angeblich pfefferähnlich schmeckenden organischen Substanz zu präparieren.

Die Fabrikation wurde in der Nachkriegszeit allerdings wieder eingestellt, da unter Friedensbedingungen der Preis des natürlichen Pfeffers billiger war als der des Ersatzstoffes. Zudem imitierte Staudingers Kunstpfeffer das komplexe Aroma des Naturproduktes alles andere als überzeugend. Während des Zweiten Weltkrieges wurde dagegen wieder Ersatzpfeffer produziert.

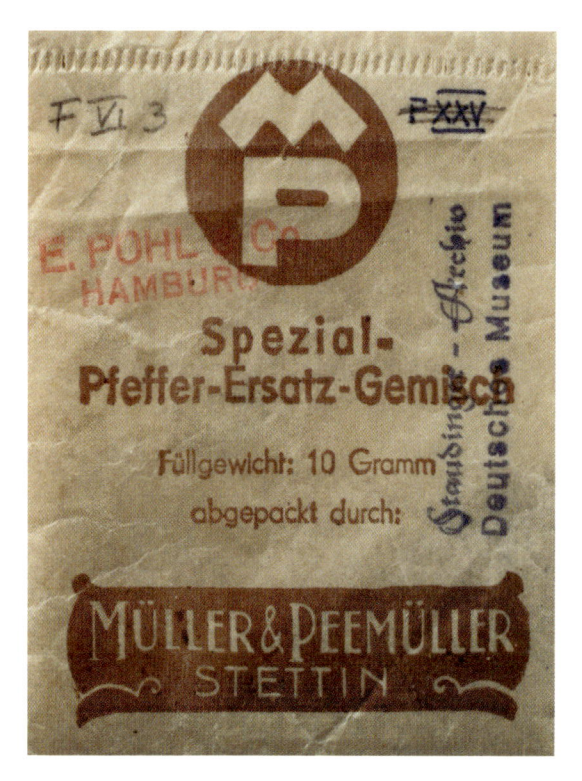

In Kriegszeiten *benutzter Ersatzpfeffer, bei dem eine scharf schmeckende Substanz auf Sägespäne oder ähnliches Füllmaterial aufgebracht wurde. Er wurde von dem nachmaligen Chemie–Nobelpreisträger Hermann Staudinger (1881-1965) während des Ersten Weltkrieges entwickelt. Photo: Deutsches Museum, München*

▲▲ **Korb mit frisch** geerntetem, noch unreifem Pfeffer, der offensichtlich zu schwarzem Pfeffer aufgearbeitet werden soll. Photo: Teubner Foodstudio, Füssen

▲ **In Säcken verpackter** Muntok-Pfeffer, der in Bangka darauf wartet, verschifft zu werden. Historisches Photo aus Indonesien, um 1900. Photo: Königliches Tropeninstitut, Amsterdam

▲▲ **Die dreibeinigen Stehleitern** aus Bambus sind typisch für die Pfefferernte, die zweimal pro Jahr zu erwarten ist. Photo: Königliches Tropeninstitut, Amsterdam

▲ **Ernte von Muntok-Pfeffer** auf der indonesischen Insel Bangka, 1925. Zur Ernte benutzte man damals wie heute Stehleitern aus Bambus. Als Kletterpflanze benötigt der Pfeffer Pfähle als Stütze. Photo: Königliches Tropeninstitut, Amsterdam

◀▲ **Die Fruchtschale** der Pfefferfrüchte wird durch Treten mit den Füßen entfernt, um weißen Pfeffer gewinnen zu können. Photo: Teubner Foodstudio, Füssen

▲ **Szene bei der Aufbereitung** von Pfefferfrüchten zu weißem Pfeffer: Nach der durch Treten oder Reiben erfolgten Entfernung des Fruchtfleischs von den Samen müssen Schmutz und Schleim unter fließendem Wasser sorgfältig abgewaschen werden. Photo: Michael Rendlen, Gewürzmüller, Stuttgart

◀ **Um weißen Pfeffer** zu produzieren – hier eine Verarbeitungsszene aus der Zeit um 1900 aus Bangka, Indonesien –, müssen die in Säcken eingepackten Pfefferfrüchte so lange in Wasser gelegt werden, bis sich das Fruchtfleisch vom Samen lösen lässt. Die Trennung von Fruchtfleisch und Samen geschieht, wie man sieht, mechanisch: Im Anschluss an den Gärprozess füllt man den Pfeffer in Holzbottiche und entfernt die anhaftende Pulpa durch Treten mit den Füßen. Photo: Königliches Tropeninstitut, Amsterdam

Das Gold, das auf den
Bäumen wächst

Nelken

Jahrhunderte vor Christi Geburt und lange bevor die Europäer sie kennen lernten, wurden Gewürznelken *(Syzygium aromaticum,* früher: *Eugenia caryophyllata)* in Indien, Ägypten und China verwendet. Sie kamen zunächst ausschließlich auf den heute zu Indonesien gehörenden Nordmolukken vor, genau gesagt auf den fünf Inseln Ternate, Tidore, Mutir, Makian und Batjan, und wurden offensichtlich schon früh in andere, von der Erzeugerregion weit entfernt liegende Kulturkreise exportiert. Chinesen, Inder und Ägypter sahen in den Nelken allerdings weniger ein Speisegewürz, sondern eine pflanzliche »Droge« – der Begriff ist hier im Sinne eines pflanzlichen, getrockneten Produktes gebraucht und nicht in dem eines Rauschmittels –, die sie in Räucherwerk verwendeten, um böse Geister und lästige Insekten zu vertreiben. Sie nutzten Gewürznelken aber auch medizinisch.

In Europa seit der Antike bekannt

Wahrscheinlich transportierten malaiische Seefahrer die ersten Nelken von ihrer ursprünglichen Heimat, den Nordmolukken, ans Festland, wo Chinesen den weiteren Handel übernahmen. Durch arabische Händler gelangten sie während der römischen Kaiserzeit bereits regelmäßig in den Mittelmeerraum. So war es der römische Schriftsteller Plinius d. Ä. (23/24 – 79 n.Chr.), der – vermutlich als erster Europäer überhaupt – die Gewürznelke in seiner umfangreichen »Naturgeschichte« erwähnte, wobei er betonte, dass sie vor allem wegen ihres Duftes importiert werde. Plinius nannte sie *caryophyllon,* die Nussblättrige, vom griechischen *karyos* (Nuss) und *phyllon* (Blatt). Davon wiederum leitet sich das italienische *garofano* und das französische *girofle* ab.

Die Nelken hatten, ebenso wie Zimt und andere fernöstliche Gewürze, eine mehrere Tausend Kilometer lange Reise auf dem Land- und Seeweg hinter sich, bevor sie das alte Rom erreichten, das damals schon erstaunlich intensive und gut funktionierende Handelsbeziehungen mit dem indischen Raum unterhielt. So werden Gewürznelken auf einer Zolltafel aus dem 2. nachchristlichen Jahrhundert aufgelistet, die von einem Marcianus aufgestellt wurde und eine Reihe indischer Handelswaren nannte. Im 6. Jh. n. Chr. ist die Gewürznelke auch archäologisch in Mitteleuropa nachgewiesen. Bei Colmar wurden einige Nelken in einer goldenen Büchse gefunden, die in einem aus dem 6. Jh. stammenden Steinsarg lag. In karolingischer Zeit, d.h. im 9. Jahrhundert, waren Gewürznelken bereits so bekannt und beliebt, dass dieses Luxusgewürz an keiner fürstlichen Tafel fehlen durfte.

Allerdings wusste in Antike und Mittelalter niemand genau, wo die Nelken eigentlich herkamen. Auch arabische Geographen und Gelehrte konnten nur spekulieren, da ihre im Gewürzhandel tätigen Landsleute nur Ungenaues über die Herkunft ihrer

◀◀◀ **Myrtengewächse,** zu denen der Nelkenbaum gehört, sind meist immergrüne Bäume oder Sträucher, die fast ausschließlich in den Tropen vorkommen. An der Blattoberfläche der länglichen, glatten Blätter des Nelkenbaumes befinden sich kleine Ölzellen, die das charakteristische Nelkenöl enthalten. Die Blüten stehen in Trugdolden am Zweigende. Photo: Teubner Foodstudio, Füssen

◀◀ **Aufgeblühte Nelkenknospen.** Um das Gewürz zu gewinnen, müssen aber die noch ungeöffneten Knospen geerntet werden. Photo: Teubner Foodstudio, Füssen

◀ **Bis eine zufrieden stellende Ernte** eingebracht werden kann, vergehen in der Regel sechs Jahre. Der Ertrag an Nelkenknospen steigt dann gewöhnlich bis zum 25. Jahr. Die Blütenbildung ist im Bereich der Baumspitze besonders stark. Photo: Teubner Foodstudio, Füssen

Nelken

Waren verlauten ließen. Diese Geheimniskrämerei ist nicht weiter verwunderlich, denn die Kenntnis der Bezugsquelle war das Betriebsgeheimnis arabischer Kaufleute und Seefahrer, die sich potenzielle Konkurrenten verständlicherweise vom Leibe halten wollten. Der erste, der die Molukken als Heimat der Gewürznelke nannte, war der venezianische Kaufmann Niccolò dei Conti (um 1395–1469), der von 1414–1439, kurz bevor die Portugiesen den direkten Seeweg nach Indien entdeckten, Persien, Indien und Indonesien bereiste. Die Berichte Contis und anderer Asienreisender lieferten im frühen 15. Jahrhundert wichtige Informationen über Asien und bereiteten so das Zeitalter der großen Entdeckungsreisen vor.

Der Aufstieg Venedigs

Dass ausgerechnet einem venezianischen Kaufmann die ersten Detailinformationen über die Herkunft der Nelken zu verdanken sind, entspricht der zentralen Rolle, die Venedig von der Zeit der Kreuzzüge bis zum Ende des Mittelalters im internationalen Gewürzhandel spielte.

Nach dem Zusammenbruch des Römischen Reiches und infolge der Ausbreitung des Islams im 7. Jahrhundert war es den Arabern gelungen, den Handel zwischen Europa und Asien unter ihre Kontrolle zu bringen. Die direkten Verbindungen zwischen Europa und Asien waren durch einen »Eisernen Vorhang«, der die christliche von der islamischen Welt trennte, so gut wie unterbrochen, was zu einer erheblichen Verteuerung der fernöstlichen Luxusgüter führte. Die Motive für die im 11. Jahrhundert begonnenen, von der Kirche propagierten oder unterstützten Kreuzzüge gegen die Muslime im Nahen Osten waren nur vordergründig religiöser Natur. Die eigentliche Zielsetzung der Europäer bestand darin, die arabischen Zwischenhändler auszuschalten und die Handelswege nach Osten wieder frei zu machen, um direkten Zugang zu den begehrten Gewürzen und anderen Importgütern des Orients zu erhalten. Folgerichtig waren die Araber besonders darauf bedacht, den europäischen Eindringlingen die Kontrolle über die Endpunkte der alten Karawanenstraßen zu verwehren.

Die beiden italienischen Seerepubliken Venedig und Genua nutzten die Zeit der Kreuzzüge, um sich eine Vormachtstellung im internationalen Gewürzhandel zu sichern. Beiden Städten gelang es, strategisch wichtige Inseln und Stützpunkte im

Die Darstellung dieses Gewürznelkenbaumes aus dem 1536–1566 entstandenen, heute in der Österreichischen Nationalbibliothek in Wien aufbewahrten Codex Fuchs, *der bedeutendsten illuminierten botanischen Handschrift der Renaissance, zeigt, dass der Illustrator zwar das Gewürz kannte, die dazugehörige Pflanze offensichtlich aber nie in Natur gesehen hatte. Er stellte die korrekt wiedergegebenen Nelken an einem Phantasiebaum dar. Photo: Österreichische Nationalbibliothek, Wien.*

Nelken

Insulae Moluccae ..., *Karte von Malakka, dem Indonesischen Archipel und den Philippinen, gedruckt 1592 in Amsterdam. Unten auf der Karte sind Muskat und Nelken abgebildet, die typischen Gewürze der Region, außerdem verschiedene Arten roten Sandelholzes, das früher als entzündungshemmendes Heilmittel hochgeschätzt wurde und aus dessen Kernholz außerdem ein beliebter roter Textilfarbstoff gewonnen wurde. Photo: Bibliothèque Royale Albert Ier, Brüssel*

östlichen Mittelmeer und am Schwarzen Meer dazuzugewinnen und damit zu erreichen, dass der Handel zwischen Europa und dem Orient im Wesentlichen über ihre Häfen abgewickelt werden musste. Nach einem fast hundert Jahre dauernden Krieg mit der Konkurrentin Genua war es schließlich Venedig, das im 14. Jahrhundert zur stärksten Seemacht im Mittelmeerraum aufstieg. Die Stadt belieferte ganz Europa mit Zucker, Gewürzen und anderen orientalischen Waren und wurde durch diesen Handel ungeheuer reich.

Venedig war bis ins späte Mittelalter der wichtigste Umschlagplatz für die Waren des Levantehandels, durch den auch zahlreiche orientalische Arzneidrogen und Gewürze nach Europa kamen. Um einen Überblick über den getätigten Verkauf und somit eine Grundlage für die Berechnung der dafür fälligen Gebühren zu besitzen, zwang die Signoria der Lagunenstadt die ausländischen Kaufleute, ihre Geschäfte landsmannschaftlich getrennt in eigens eingerichteten Häusern unter Aufsicht und Mitwirkung von beamteten Maklern abzuwickeln.

Der für die deutschen Handelsgesellschaften reservierte »Fondaco dei Tedeschi« (von arabisch *funduq,* Gasthaus, Magazin) befand sich im Zen-

Nelken

trum der Stadt, am Canal Grande, direkt neben der Rialtobrücke. Sein großer Innenhof und seine zahlreichen Räume dienten als Lager- und Handelsplatz ebenso wie als Wohnstätte, denn die deutschen Kaufleute mussten in seinen »Kammern« auch Quartier nehmen. Sie waren nahezu interniert, da sie nur so viel Bewegungsfreiheit erhielten, wie sie zur Abwicklung ihrer Geschäfte benötigten. Ausländische Kaufleute durften nur an Venezianer verkaufen und von ihnen kaufen. Der Handel von Fremden untereinander war streng verboten. Einen Erlös konnte der Fremde nicht als Bargeld erwerben, sondern hatte den Gegenwert in von ihm zu exportierende Waren anzulegen.

Mit der Entdeckung des Seeweges rund um das Kap der Guten Hoffnung und dem damit verbundenen Aufstieg der portugiesischen Seemacht im 15. Jahrhundert musste Venedig seine Führungsposition im Gewürzhandel schließlich aber abgeben, zunächst an Lissabon, sehr bald aber an Brügge und letztlich Antwerpen. Zum Abstieg Venedigs trug außerdem bei, dass die ehemals so guten Beziehungen, die Venedig traditionellerweise zur arabischen Welt unterhielt, durch die Eroberungen beeinträchtigt und nachhaltig gestört wurden, die das Osmanische Reich in Syrien, Arabien und Ägypten machte. Das Osmanische Reich blockierte das gut etablierte arabisch-venezianische Handelssystem.

Der Vertrag von Tordesillas

Es waren Portugiesen, die 1511 als erste Europäer auf den Molukken, der Heimat des Gewürznelkenbaumes, landeten. Am 8. November 1521 erreichten aber auch Reste der unter spanischer Flagge segelnden Magellan-Expedition die »Gewürzinseln«, und zwar im Verlauf ihrer Weltumsegelung auf der Westroute.

Dieser spanische Besuch auf den Molukken sollte diplomatische Verwicklungen zwischen Spanien und Portugal nach sich ziehen. Im Jahre 1494 hatten sich beide Länder nach jahrelangen Querelen auf der Grundlage eines Schiedsspruches von Papst Alexander VI. im Vertrag von Tordesillas darauf geeinigt, die schon entdeckten und noch zu entdeckenden Gebiete wie folgt in eine portugiesische und eine spanische Einflusssphäre aufzuteilen: Als Grenzlinie wurde der heutige 46. Meridian westlicher Länge festgelegt, von dem man annahm, dass er ganz im Bereich des Atlantischen Ozeans verliefe. Während Portugal die östlich davon liegenden Teile der Welt, wie Afrika und Indien, überlassen wurden, sollten den Spaniern alle westlich dieser Linie liegenden Gebiete, d. h. die ganze Neue Welt, verbleiben. Tatsächlich aber schneidet der 46. Längengrad den süd-

Der Innenhof *des Fondaco dei Tedeschi in Venedig. Kupferstich von Raphael Custos, 1616. Photo: Deutsches Museum, München*

amerikanischen Kontinent auf der Linie der Amazonasmündung – (heutiges) São Paulo, ein Irrtum, der weit reichende Konsequenzen hatte. Da das von dem portugiesischen Seefahrer Pedro Alvares Cabral (um 1467–1520) im Jahre 1500 entdeckte Brasilien östlich der Demarkationslinie in der portugiesischen Interessenssphäre lag, konnten die Portugiesen dieses Land rechtmäßig für sich in Besitz nehmen. So wurde schon kurz nach der Entdeckung der Neuen Welt der Grund für die noch heute in Südamerika bestehenden sprachlichen und kulturellen Abgrenzungen gelegt.

Auf der östlichen Halbkugel blieb die »Demarkationslinie« vorerst unklar. In dieser Ungewissheit ist die Ursache für den späteren langjährigen Streit um die Molukken zu suchen.

Die Molukken oder Gewürzinseln

Nach Fernão Magellans (um 1480–1521) Erdumsegelung war es notwendig geworden, die Demarkationslinie in den pazifischen Raum zu verlängern und auch den Pazifik in eine spanische und portugiesische Interessenssphäre aufzuteilen. Über die genaue Lage der Molukken konnte man sich wegen der Unmöglichkeit, ihren Längengrad zuverlässig zu bestimmen, jedoch nicht einigen. Schließlich verkaufte Spanien 1529 im Vertrag von Zaragoza die Inselgruppe für 350 000 Dukaten an Portugal, das damit den alleinigen Anspruch auf die Gewürzinseln, deren Erzeugnisse und die dortigen Handelsplätze erhielt. Drei Jahre später stellte sich heraus, dass die Demarkationslinie unmittelbar östlich der Molukken verlief, die damit ohnedies im portugiesischen Gebiet lagen. Die im Vertrag von Zaragoza getroffene Regelung entpuppte sich damit im Nachhinein als ein für Spanien sehr gutes Geschäft.

Schließlich mussten die Portugiesen auf den Molukken aber den Niederländern weichen, die dort seit 1599 Stützpunkte errichtet hatten und nach und nach alle Inseln unter ihre Kontrolle brachten. 1667 hatten sie die Region vollständig erobert.

Um die Mitte des 16. Jahrhunderts ging das Zeitalter, in dem die Portugiesen und Spanier ganz große Neuentdeckungen machten, langsam zu Ende. Machtverschiebungen im Europa des 17. und 18. Jahrhunderts wirkten sich schließlich auch in den überseeischen Gebieten aus. England, die Niederlande und Frankreich schickten sich als neu aufsteigende Mächte an, jene beherrschende Stellung einzunehmen, die im 15. und 16. Jahrhundert Portugal und Spanien eingenommen hatten.

Die Gewaltherrschaft der VOC

Auf den Molukken erhielt die 1602 gegründete niederländische »Verenigde Oost-Indische Compagnie« (VOC) das Sagen, die sich im 17. und 18. Jahrhundert zum größten und – lange bevor es die Bezeichnung überhaupt gab – veritablen multinationalen »Import-Export-Konzern« mit Handelsstützpunkten in ganz Asien und Afrika und zum wichtigsten Transportunternehmen zwischen Europa und Asien entwickelte. Mitte des 18. Jahrhunderts, als die Kompanie im Zenit ihrer Macht stand, beschäftigte sie 30 000 Angestellte gleichzeitig, und das zu einer Zeit, wo die Niederlande selbst nur etwa zwei Millionen Einwohner hatte: Etwa 3000 Angestellte arbeiteten in den Kontoren, Werften und Lagerhäusern in den Niederlanden, etwa 12 000 Matrosen segelten auf der VOC-Flotte, und in den überseeischen Handelsstützpunkten in Afrika und Asien arbeiteten nochmals 25 000 Angestellte, von denen wiederum mehr als 17 000 aus Europa stamm-

Nelken

ten. Die VOC unterhielt Handelsverbindungen, die vom Roten Meer bis nach Japan reichten und transportierte innerhalb der zwei Jahrhunderte ihres Bestehens eine Million Europäer nach Asien. Zwischen 1602 und 1800 segelten mehr als 1772 Schiffe in ihren Diensten, Schiffe, die Handels- und Kriegsschiff in einem waren und deren durchschnittliche Lebensdauer 15 bis 20 Jahre betrug. Erstaunlicherweise erreichten die meisten Schiffe ihr Ziel: auf der Reise von Europa nach Asien, die etwa sechs Monate dauerte, gingen weniger als drei Prozent durch Unfälle und Feindeinwirkung verloren, auf dem Rückweg nach Europa waren es weniger als fünf Prozent. Um die hohe Qualität der Produkte und den Standard der eigenen Infrastruktur aufrechterhalten zu können, brauchte die VOC enorme finanzielle Resourcen. An finanziellen Problemen, die durch Missmanagement und Korruption verursacht worden waren, sollte sie im Jahr 1800 schließlich zu Grunde gehen – sie machte Bankrott.

Die »Verenigde Oost-Indische Compagnie« hatte zwischen 1602 und 1770 sowohl den Nelkenanbau auf den Molukken als auch deren Verkauf in den Niederlanden uneingeschränkt in der Hand und versuchte den größtmöglichen Profit aus den Inseln zu ziehen. In ähnlicher Weise monopolisierte sie auf den Banda-Inseln den Anbau und Handel mit Muskatgewürzen. Die Initialen VOC, die von den Niederlanden mit Machtmitteln ausgestattet war, die normalerweise nur Staaten zustanden – sie durfte beispielsweise eigenständig Verträge abschließen, Land erwerben und Kriege führen –, wurden zum Synonym für die aggressive, blutige Expansions- und Unterdrückungspolitik der Niederländer auf den Molukken.

Das Nelkenmonopol

Um ihre Monopolsituation zu sichern, beschränkte die VOC die Nelkenpflanzungen mit brutaler Gewalt auf die Insel Ambon. Aus den Niederlanden eingeschiffte Kolonisten bewirtschafteten das ihnen von der Kompanie zugewiesene Land mit einheimischen Sklaven und lieferten Nelken gegen einen festgesetzten Betrag an die Kompanie ab. Die einheimische Bevölkerung musste ihre Handelsbeziehungen zu Java und anderen südostasiatischen Gebieten abbrechen und durfte Nelken nur noch an die VOC verkaufen. Um Absatzmärkte für niederländische Produkte zu schaffen, wurde sie dazu gezwungen, alle Bedarfsgüter exklusiv bei der VOC zu erwerben.

Holländische Patrouillenboote sorgten für die Einhaltung des Monopols und unterbanden mit drakonischen Maßnahmen jeglichen Nelkenschmuggel. Allerdings verbreiteten Vögel die Nelkensamen immer wieder, so dass die Niederländer ununterbrochen damit beschäftigt waren, auf benachbarten Inseln nachwachsende junge Nelkenbäume wieder auszurotten.

Kupfergeld der VOC *mit VOC-Monogramm, 1728 in den Niederlanden gemünzt. Photo: Staatliche Münzsammlung, München*

Der Pflanzenjäger Pierre Poivre

Es ist das Verdienst des Franzosen Pierre Poivre (1719–1786), das niederländische Gewürznelkenmonopol zugunsten Frankreichs, der dritten, neben den Niederlanden und England aufstrebenden Macht im Indischen Ozean, gebrochen zu haben. Poivre war eine äußerst schillernde Figur, ein typischer »Pflanzenjäger« und Naturforscher des 18. Jahrhunderts. Er war der Sohn eines Kaufmanns aus wohlhabendem Lyoner Bürgermilieu. Seine Ausbildung erhielt er bei Missionaren in Lyon und Paris, die junge Leute auf Missionsaufgaben in Kontinental-Südostasien vorbereiteten.

Poivre wurde nach Abschluss seiner Ausbildung 1741 als Novize in eine chinesische Auslandsmission Frankreichs geschickt, aber 1744 wegen des Verdachtes, Goldbarren unterschlagen zu haben, aus seinem Orden ausgeschlossen. Es folgten Jahre eines unsteten Abenteurerlebens in Asien: Auf einer Reise wurde das Schiff, auf dem er sich befand, zwischen Bangka und Sumatra von Engländern angegriffen. Poivre verlor in der Schlacht einen Arm und geriet in englische Gefangenschaft. Schließlich wurde er in Batavia freigelassen und nutzte den unfreiwilligen Aufenthalt in der niederländischen Besitzung, um den dortigen Gewürzhandel genau zu studieren.

In dieser Zeit wurde die Idee geboren, eines Tages zum Nutzen Frankreichs das niederländische Nelken- und Muskatnussmonopol zu brechen. Als Physiokrat wollte er der Förderung der französischen Wirtschaft dienen. So hatte er sich in den Kopf gesetzt, die im Indischen Ozean, vor Madagaskar gelegene französische Inselgruppe der Maskarenen, die zu seiner Zeit nur als Stützpunkt für Schiffe auf dem Weg von oder nach Indien diente, zu Gewürzinseln zu machen, die für Frankreich eine ähnliche Rolle spielen sollten wie die Molukken für die Niederlande.

Als Poivre nach vielen weiteren abenteuerlichen Stationen seines Lebens 1767 schließlich Intendant der Maskarenen wurde, setzte er den damals gefassten Plan in die Tat um. Zwischen 1768 und 1771 schickte er mehrfach Expeditionen auf die Molukken, um dort Samen und Setzlinge von Muskatnuss- und Gewürznelkenbäumen stehlen zu lassen. Beide

Pierre Poivre (1719–1786), *französischer Naturforscher und »Pflanzenjäger«. Photo: Muséum d'Histoire naturelle, Paris*

Gewürze konnte er trotz mehrfacher Rückschläge auf Mauritius heimisch machen. Von dort aus gelangten die Gewürznelken auch in andere französische Besitzungen, so auf die Seychellen, nach Madagaskar und schließlich sogar nach Cayenne. Nicht zufällig sind sie als Attribute auf seinem Porträt (oben) zu erkennen. Poivre lebte nach seiner Pensionierung in Lyon, wo der angesehene Naturforscher und Gründer der dortigen Société Royale d'Agriculture 1786 im Alter von 67 Jahren starb.

Die Tatsache, dass die Gewürznelke Ende des 18. Jahrhunderts nicht mehr ausschließlich vom niederländischen »Nelkenmonopol« angeboten wurde, trug maßgeblich dazu bei, dass sie schnell an Wert verlor. Die größere Verfügbarkeit und damit einhergehend der immer günstiger werdende Preis ermöglichte schließlich ihre Integration in die bürgerliche Kochkultur.

Poivres Aktivitäten sind ein schönes Beispiel dafür, wie die begehrten Gewürzpflanzen, die von Natur aus ursprünglich meist nur in einem geographisch eng umgrenzten Raum wuchsen, im Zeitalter der europäischen Expansion vom Menschen über den ganzen Erdball verschleppt wurden. Seitdem werden sie – das gilt nicht nur für die Nelke, sondern auch für Vanille, Muskatnuss und andere Gewürze – in vielen klimatisch geeigneten Teilen der Welt angebaut. Heute gibt es im Gegensatz zu früheren Jahrhunderten kein einziges Land mehr, das ein Monopol für ein bestimmtes Gewürz besäße.

Koloniale Hinterlassenschaften

Für etliche Entwicklungsländer, die von ihren früheren Kolonialmächten mehr oder weniger zum ausschließlichen Gewürzproduzenten umfunktioniert und (aus-) genutzt wurden (wie etwa die Ostafrika vorgelagerten Inseln im Indischen Ozean), ist der Gewürzanbau neben dem Tourismus bis heute eine wichtige Säule der Wirtschaft. Die koloniale Hinterlassenschaft einer auf wenige Produkte ausgerichteten Landwirtschaft prägt die Struktur dieser Länder noch immer. Die einseitige Abhängigkeit von einigen Agrarprodukten macht es naturgemäß zur Katastrophe, wenn Wirbelstürme oder Pflanzenschädlinge die Kulturen zerstören, wenn die Abnehmer sich einem anderen, billigeren oder politisch genehmeren Erzeugerland zuwenden oder wenn die Entwicklung synthetischer Aromastoffe die Bedeutung des Naturproduktes zurückdrängt.

Indo-portugiesischer Badehut, *2. Hälfte 16. Jh., aus Strohhalmen, Seide, Gold- und Silberfäden, Gewürznelken und Perlen. Zwischen die Strohhalme waren in ursprünglich gleichmäßigen Abständen Gewürznelken hineingesteckt, auf denen kleine Perlen befestigt waren. Von den Nelken sind nur noch fünf, von den Perlen nur noch drei Stück erhalten. Die außerordentlich kostbaren Nelken galten als magisches Mittel, Böses abzuwehren. Photo: Kunsthistorisches Museum Wien, Sammlungen Schloss Ambras*

Nelken

Nelken produzierende Länder heute

Zu den mengen- und qualitätsmäßig bedeutenden Anbaugebieten für Nelken gehört heute Sansibar, das im 19. Jahrhundert zu einem wichtigen Exporteur dieses Gewürzes aufstieg. Zeitweilig eine Kolonie des Deutschen Reiches, fiel die fruchtbare Insel 1890 im aus militärstrategischen Gründen zwischen Großbritannien und Deutschland ausgehandelten Helgoland-Sansibar-Vertrag als Protektorat an die Briten. Die Deutschen erhielten bei diesem Tausch die sich damals in britischem Besitz befindliche unwirtliche Insel Helgoland. Heute gehört Sansibar zur Vereinigten Republik Tansania. 85 Prozent seiner Devisen erwirtschaftet die Insel durch Nelkenexport, wobei das größte Wirtschaftsproblem des Landes der niedrige Preis für Gewürznelken auf dem Weltmarkt ist.

Der Nelkenbaum braucht tropisches, feuchtwarmes Seeklima, um gut gedeihen zu können. Diese Klimabedingungen haben außer den vor der ostafrikanischen Küste gelegenen Inseln Sansibar, Pemba, Réunion, Madagaskar und Mauritius noch Sri Lanka, die Philippinen, Indonesien, einige Westindische Inseln und Guayana zu bieten. Sie sind daher die heute wichtigsten Produzenten von Nelken.

Gute Nelken produziert neben Sansibar auch Indonesien, hier vor allem die Inseln Ambon und Penang, während Nelken von den Antillen wegen ihres geringen Gehaltes an ätherischem Öl als weniger wertvoll gelten. Ein großer Teil der indonesischen Nelkenproduktion kommt allerdings nicht zum Export, sondern wird im Land zu den mit Nelken aromatisierten Kretek-Zigaretten verarbeitet.

Verwendet werden die Knospen

Als Gewürz verwendet werden die Blütenknospen, die der immergrüne Gewürznelkenbaum, der zehn bis 20 Meter hoch wird und zur Familie der Myrtengewächse *(Myrtaceae)* gehört, zweimal im Jahr entwickelt. Sobald die Knospen sich röten, werden sie im Januar/Februar und von Juli bis September geerntet. Wichtig ist, dass dies geschieht, bevor die Knospen sich öffnen. Man pflückt sie entweder mit der Hand oder schlägt sie mit Bambusstäben von den Ästen, wobei ein ausgewachsener Baum etwa zwei bis vier Kilogramm getrocknete Gewürznelken pro Jahr liefert.

Die Knospen werden etwa fünf Tage lang an der Sonne unter Palmenblättern getrocknet. Sie sind dann rotbraun und wertvoller als die schwarzen, im direkten Sonnenlicht getrockneten. Eine künstliche

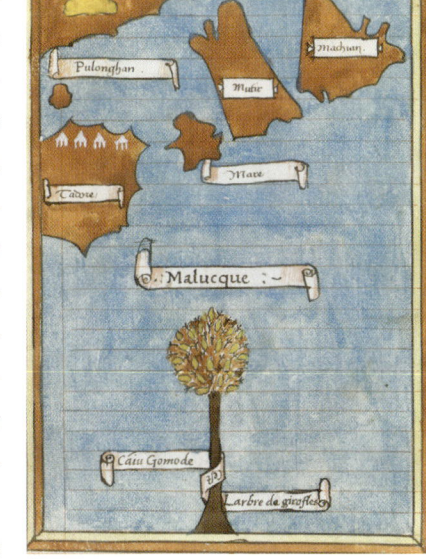

Sehr grobe Karte *der Molukken aus dem nach 1522 verfassten Manuskript von Antonio Pigafetta, dem Chronisten der ersten Weltumsegelung Magellans. Bemerkenswert ist, dass der Illustrator unterhalb jener fünf Molukken-Inseln, auf denen Gewürznelken wuchsen, einen stilisierten Nelkenbaum darstellte und damit festhielt, worum es bei der Magellanschen Expedition ging: von Westen her den Weg zu den Gewürzinseln zu finden. Photo: Bibliothèque nationale, Paris*

Nelken

Trocknung wird nicht praktiziert, da sonst ein zu hoher Verlust an ätherischem Öl auftreten würde. Nelken von guter Qualität haben vollständig erhaltene Knospen mit geschlossenen Köpfchen und sind reich an ätherischem Nelkenöl.

Das Aroma des Nelkenöls

Gewürznelken enthalten 16 bis 19 Prozent ätherisches Nelkenöl, das seinerseits zu 70 bis 80 Prozent aus der chemischen Verbindung Eugenol, dem Hauptaromabestandteil der Gewürznelke, und zu zehn bis 15 Prozent aus Caryophyllen besteht. Die chemischen Bezeichnungen dieser beiden Substanzen sind dem botanischen Namen des Gewürznelkenbaumes, *Eugenia caryophyllata*, entlehnt, der seinerseits 1729 nach Prinz Eugen von Savoyen, einem großen Förderer der Wissenschaften und begeisterten Hobbybotaniker, benannt wurde.

Eugenol verkörpert mit seinem scharf-würzigen Geruch das eigentliche Nelkenaroma. Es wird häufig aus Nelkenöl isoliert und dient zur Aromatisierung von Seifen und Parfums.

Neben dem isolierten Eugenol setzt der Parfumeur das ätherische Nelkenblüten- bzw. das Nelkenblätteröl aber auch in seiner Reinform ein. Das aus den Blütenknospen durch Wasserdampfdestillation gewonnene Nelkenblütenöl wird in blumigen Parfümnoten verwendet, das auf die selbe Weise aus den Blättern gewonnene Nelkenblätteröl dagegen für krautig-würzige Noten. Dieser Sachverhalt lässt erkennen, dass es für das olfaktorische Ergebnis keineswegs unerheblich ist, aus welchem Pflanzenteil

Leicht geneigte, *sanfte Hanglagen vulkanischer Ablagerungen auf mäßiger Meereshöhe (bis etwa 400 Meter) sind für den Anbau von Nelkenbäumen am besten geeignet. Der Boden muss nährstoffreich, gut durchfeuchtet, aber wasserdurchlässig sein. Photo: Teubner Foodstudio, Füssen*
Klimatisch stellen Nelkenbäume *hohe Ansprüche. Sie bevorzugen feuchtwarme Niederungen der inneren Tropen in Seenähe, die für ihr gutes Gedeihen sehr wichtig zu sein scheint. Gegen stärkere Winde benötigen sie einen Windschutz. Photo: Teubner Foodstudio, Füssen*

ein ätherisches Öl gewonnen wird. Nelkenblütenöl unterscheidet sich in qualitativer wie quantitativer Zusammensetzung von Nelkenblätteröl, auch wenn die Hauptaromakomponenten in beiden Ölen natürlich identisch sind.

Interessanterweise kommen im ätherischen Nelkenöl neben Eugenol und Caryophyllen in geringen Mengen auch Vanillin sowie andere Inhaltsstoffe vor. Im Kapitel über Vanille wird erwähnt, dass verschiedene Pflanzen Vanillin enthalten können, so z. B. Spargel, Rüben sowie die Blüten von Schwarzwurzeln und Kartoffeln. In ähnlicher Weise findet sich Eugenol nicht nur in Gewürznelken, sondern ist auch in Basilikumöl, in Piment- und Zimtrindenöl enthalten, allerdings weit weniger konzentriert als in Gewürznelken.

In der Natur sind ätherische Öle, die Aromaträger der Pflanzen, meist aus 20 bis 200 verschiedenen Einzelkomponenten zusammengesetzt. Einige dieser Komponenten, wie beispielsweise Vanillin oder Eugenol, kommen in verschiedensten Gewürzölen immer wieder vor, allerdings, je nach Pflanze, in nach Art, Zahl und Menge jeweils verschiedenen Kombinationen. Die Natur bedient sich dieser Inhaltsstoffe also nach einer Art »Baukastensystem«. Die schier unendlich scheinende Vielfalt der Pflanzendüfte entsteht im Wesentlichen durch eine immer neue Zusammenstellung eines Satzes endlich vieler »Grundbausteine«.

Im oberen Bereich *der Nelkenbäume wird mit Hilfe dreibeiniger Leitern geerntet. Um die Zweige nicht zu beschädigen, können die Leitern nicht direkt an Stamm und Äste gelehnt werden, wie bei unseren heimischen Obstbäumen. Die Pflücker müssen ihren Stock oder einen mit Endhaken versehenen Draht benutzen, um an alle Zweige heranzukommen. Die wackeligen Leitern sind sehr gefährlich, und bei jeder Nelkenernte gibt es unzählige, teils tragische Arbeitsunfälle. Photo: Deutsches Museum, München*

Nelkenöl bei Zahnschmerzen

Eugenol hat starke antimikrobielle Wirkung gegenüber Bakterien und Pilzen. Das erklärt die medizinische Verwendung des Nelkenöls, ganz besonders beim Zahnarzt. So wird das Öl gerne bei Entzündungen der Mund- und Rachenschleimhäute eingesetzt. In der Zahnheilkunde dient pures Nelkenöl zum Abtöten des Zahnnervs, zur Desinfektion der Wurzelkanäle und als schmerzstillendes Mittel zur lokalen Anwendung. In einer Mischung mit Zinkoxid bildet es eine erhärtende Masse, die in der konservierenden Zahnheilkunde als provisorische Füllung verwendet wird; Zahnpasten und Mundwässern wird es als Antiseptikum zugesetzt, wobei seine Konzentration in Letzteren nur ein bis fünf Prozent betragen sollte.

Gelegentlich ist Nelkenöl auch in Magenmitteln enthalten, jedenfalls ist es regelmäßiger Bestandteil von Rezepturen für Melissen- und Karmelitergeist. Auch dabei nutzt man seine bakteriziden Eigenschaften.

Nelken

Heute eine Waffe gegen Mücken

Nelken gehören seit dem 13. Jahrhundert zum festen Bestandteil des Arzneimittelschatzes. In der mittelalterlichen Rezeptliteratur wurden sie als wahres Wundermittel gehandelt. Sie galten als verdauungsfördernd, wirksam gegen Magengeschwüre, Übelkeit, Brust- und Lungenleiden, Herzbeschwerden, Vergiftungen, Schwindel und Menstruationsstörungen. Sie sollten ferner Hämorrhoiden heilen, üble Gerüche verjagen und den Menschen von »gottlosen Dingen« befreien.

Die damaligen Anwendungsgebiete unterschieden sich also signifikant von den heute üblichen, zu denen im Übrigen auch die des natürlichen Insektenabwehrmittels zählt. Jedenfalls enthalten so genannte Repellents, Insektenabwehrmittel auf der Basis ätherischer Öle, sehr häufig Nelkenöl oder dessen durchdringend riechende Hauptkomponente, das Eugenol.

Früher ein Pestabwehrmittel

Auffallend ist, dass man die guten antiseptischen Eigenschaften der Nelken schon früh beobachtet zu haben scheint. Zumindest schrieb man ihnen so große desinfizierende Kraft zu, dass man sie bei Epidemien wie der Pest kaute oder prophylaktisch als Kette um den Hals trug. Neben der Nelke galten auch andere Gewürze oder Gewürzmischungen als wirksame Pestprophylaxe. So veröffentlichte die Medizinische Fakultät in Paris im Jahr 1348 folgende Verhaltensvorschriften, um sich vor der Pest zu schützen: »Wir empfehlen Brühen mit gestoßenem Pfeffer, Zimmet und Spezereien, besonders solchen Leuten, die gewohnheitsmäßig wenig oder nur Ausgesuchtes essen.« Ähnliche lautende Anweisungen

Zum Trocknen ausgebreitete Nelken in verschiedenen Trocknungsstadien. Photo: Königliches Tropeninstitut, Amsterdam

gab es auch in späteren Jahren, beispielsweise bei der Nürnberger Pest-Anordnung des Jahres 1520.

Waren solche Empfehlungen sinnvoll? Die Pest ist eine akute bakterielle Infektionskrankheit – der Erreger ist, wie wir heute wissen, *Yersinia pestis* –, die meist von Nagetieren, vorwiegend Ratten, und den auf ihnen schmarotzenden Flöhen auf den Menschen übertragen wird. Bei unbehandelten Fällen schwankt die Sterblichkeit zwischen 25 und 75 Prozent. Seit dem Altertum gab es mehrere schwere Pestwellen, die über Europa hinweggingen. Schon der griechische Arzt Hippokrates (460–370 v. Chr.) empfahl als Abwehr- und Schutzmaßnahme vor der Seuche Räucherungen und die Verwendung aromatisch riechender Kräuter.

Als die Pest, bedingt durch das Wachstum der Städte seit dem 12./13. Jahrhundert und die Intensivierung der Handelskontakte, zwischen 1348 und 1350 wieder ausbrach, führte sie zu einer einzigartigen demographischen Katastrophe: ein Viertel bis ein Drittel der Gesamtbevölkerung Europas, d. h. rund 25 Millionen Menschen, fielen ihr zum Opfer. Es gab zwei Krankheitsformen: Die Lungenpest war gekennzeichnet durch blutigen Auswurf und stinkenden Atem. Sie führte innerhalb weniger Tage, oft Stunden, zum Tod. Die Beulenpest begann mit einer schmerzhaften Anschwellung und Vereiterung der Achsel- und Leisten-Lymphknoten und endete in der Regel vor Ablauf einer Woche mit dem Tod.

Da man die Ursache der Krankheit nicht kannte und damals auch nicht kennen konnte, vermochte man ihr auch kein wirksames Heilmittel entgegenzusetzen. Am wirkungsvollsten erwies sich die Quarantäne (abgeleitet von »Quarantana«), eine 40-tägige Isolierung der Infizierten. Neben einer Reihe sehr zweifelhafter Rezepte, wie dem Ablegen von Gelübden oder der Teilnahme an Wallfahrten und Prozessionen, wurden diätetische und hygienische Maßnahmen als Pestprophylaxe empfohlen. Etwa 130 verschiedene Pflanzen galten als potentielles Abwehrmittel gegen die Epidemie. Einige davon, wie z. B. die Pestwurz *(Petasites spec.)*, lassen die ihnen zugeschriebene Wirkung noch heute im Namen erkennen. In Anlehnung an die Rezepte des Hippokrates, der schon in der Antike Räucherungen gegen die Pest empfohlen hatte, finden sich unter den damals propagierten prophylaktischen Mitteln auch viele stark duftende, d. h. ätherische Öle enthaltende Pflanzen, Pflanzenprodukte (z. B. Harze) und Parfüme. So wurde empfohlen, auf öffentlichen

Abb. 63. Pestarzt in einer Schutzkleidung. Kpfr. von Paulus Fürst nach J. Columbina 1656. München, Kupferstichkabinett.

Während der großen Pestepidemien *vergangener Jahrhunderte wurden Gewürze, insbesondere Nelken, immer wieder als vorbeugende und vermeintlich heilsame Mittel gegen die Seuche empfohlen. Ärzte füllten sie zum Schutz gegen Ansteckung in den Schnabel ihrer Pestmasken oder verbrannten sie in Räucherpfannen, mit denen sie öffentliche Plätze und die Häuser der Kranken desinfizierten. Photo: Deutsches Museum, München*

Nelken

Plätzen und im Innern der verseuchten Häuser Kräuter und Gewürzmischungen zu verbrennen. Auch unser Kölnisch Wasser war ursprünglich ein Mittel gegen die Pest. Zwischen der Duftkultur und der Pestprophylaxe bestand also ein enger Zusammenhang.

Um die Ansteckungsgefahr zu minimieren, kam Anfang des 17. Jahrhunderts eine Schutzbekleidung für Pestärzte auf, bei der die Ärzte luftundurchlässige Gewänder aus Leder oder wachsüberzogenem Leinen trugen sowie Gesichtsmasken mit einer Nase in Form eines etwa 15 cm langen Schnabels, in die Blumen, Kräuter oder Gewürze gefüllt wurden. Die pflanzlichen Duftstoffe sollten die Atemluft vom »Pestgift« und den Ekel erregenden Ausdünstungen der Eiter absondernden Kranken reinigen. Ergänzt wurde der Schutzanzug der Pestärzte durch einen in der Hand getragenen Stab sowie eine Brille mit Kristallgläsern, die vor einer damals für möglich gehaltenen Ansteckung durch Blickkontakt bewahren sollte. Möglicherweise schützten diese Maßnahmen in gewissem Maß sogar tatsächlich gegen die pestübertragenden Flöhe und gegen die Tröpfcheninfektion.

Nägelchen mit magischer Wirkung

Bei den als Pestprophylaxe getragenen, auf Fäden aufgereihten Nelkenketten ging es jedoch um mehr als die bloße medizinische Nutzung der desinfizierenden Eigenschaften des Eugenols. Hier hatten die Nelken zusätzlich auch Amulettcharakter: ihre exotische Herkunft, ihr vor dem 18. Jahrhundert hoher materieller Wert, ihre volksmedizinische Bedeutung und schließlich ihre auffällige Form – Nelken wurden im Mittelalter ihres nagelförmigen Aussehens wegen auch »Nägelein« genannt und galten im christlichen Abendland als Symbol für den ans Kreuz genagelten, leidenden Christus –, all das trug dazu bei, ihnen magische Wirkungen zuzuschreiben. Ihre Verwendung in Amuletten sollte »gegen Tod und Teufel« schützen. Die Schutzwirkung sollte sich selbst auf die Toten erstrecken, denen man in Schwaben aus diesem Grund eine mit Nelken gespickte Zitrone – Letztere war das Symbol des Todes – in die Hand gab.

Monstranz mit Jesuskind, *süddeutsche Klosterarbeit, 19. Jh. Für die Aureole des Jesuskindleins wurden viele Gewürznelken verwendet, die im Volksglauben seit dem Mittelalter ein Symbol für die Nägel des Kreuzes Christi waren. Photo: Bayerisches Nationalmuseum, München*

Spuren dieser alten Bräuche lassen bis heute die in Österreich und Süddeutschland üblichen Gewürzsträuße oder –bäumchen erkennen, in denen neben Muskatnüssen, Zimtrinde, Pfefferkörnern, Ingwer und Senfkörnern immer auch Gewürznelken verarbeitet sind. Auch die Sitte, vor allem in der Weihnachtszeit mit Nelken gespickte Orangen als Duftkugeln in Wohnräume zu legen, erinnert noch an den aus Pestzeiten stammenden Brauch, mit Gewürzmischungen gefüllte Riechäpfel zum Schutz vor möglichen Infektionen bei sich zu tragen.

Zwei Namensvettern: Gartennelke und Gewürznelke

Eng mit der symbolischen Bedeutung der Gewürznelke ist der Symbolwert einer »Namensvetterin« verknüpft: derjenige der in Europa wild vorkommenden Gartennelke (*Dianthus caryophyllus*), die im Gegensatz zur Gewürznelke tatsächlich aus der Familie der Nelkengewächse (*Caryophyllaceae*) stammt. Der deutsche Name »Nelke« oder »Nägelin« wurde ihr im Mittelalter wegen der Nagelform ihrer Knospe gegeben, die letztlich auch der Gewürznelke zu ihrem Namen verhalf. Den beiden botanisch nicht miteinander verwandten Pflanzen ist also lediglich die ähnliche Gestalt der Knospe gemein.

Das aus den Blüten der »echten« Gartennelke extrahierte ätherische Öl ist übrigens auch im Handel erhältlich, im Vergleich zu dem der Gewürznelke jedoch geradezu sündhaft teuer. Der Preis wird verständlich, wenn man berücksichtigt, dass dieses Öl nur zu etwa 0,25 Prozent in den Blüten von *Dianthus caryophyllus* enthalten ist. Ihr kostbares Öl dient nicht zu profanen kulinarischen oder medizinischen Zwecken, sondern wird Luxusparfüms beigemischt.

Anfang des 15. Jahrhunderts wurde die Gartenblume, die sich in vielen Formen züchten lässt, zur Modeblume. Ihre medizinische Wirkung wurde der der Gewürznelke gleichgesetzt, so dass sie allmählich deren Stellung und Geltung übernahm. Was für die Gewürznelke galt, wurde auf die Gartennelke übertragen. In der Tat war die Gartennelke bis ins 16. Jahrhundert hinein eine Arzneimittelpflanze.

Weil der Duft das stärkste Mittel ist, Erinnerungen hervorzurufen und zu bewahren, galt die wohlriechende Gartennelke wie die Gewürznelke als Liebeszauber und Aphrodisiakum. Vom Mittelalter an sind Gartennelken als typische Verlobungs- und Bräutigamsblumen auf Brautbildern zu finden. Sie

Triptychon *von Hugo van der Goes (1435/40 – 1482). Das Jesuskind hat als Symbol der göttlichen Liebe, aber auch als Hinweis auf die ihm bevorstehende Leidensgeschichte eine Gartennelke in der Hand. Dieser Blume wurden wegen ihrer der Gewürznelke ähnlichen Form die gleichen Kräfte zugeschrieben wie dem Gewürz. Photo: Städelsches Kunstinstitut, Frankfurt/M.*

Nelken

waren ein Symbol des Verlöbnisses, der Liebe und in diesem Sinne Verwandte der Rose.

Auch die göttliche Liebe wurde durch die Nelke dargestellt. So wurde die damals noch seltene und kostbare Nelke zur Marienpflanze und war als solche auch mit Muskat verbunden. Der mittelhochdeutsche Dichter Konrad von Würzburg (1220/30 –1287) nannte Maria »ein karioffelris und eine muschatbluom«, ein Reis von Caryophyllon und eine Muskatblüte. Zwischen dem 15. und dem 17. Jahrhundert wurde Maria auf unzähligen Bildern nelkengeschmückt dargestellt. Viele Künstler verstanden den Namen »Nägelein« als Hinweis auf die Passion Christi, und so findet man auf einigen Kreuzigungsszenen Nelken, obwohl diese in der Bibel nicht erwähnt werden. Aus den Tränen Marias wuchsen, so der Aberglaube, wilde Nelken, und diese sollten, wie andere rot blühende Blumen, mit dem Blut verbunden sein. Aus dem Blut unschuldig Getöteter blühten nach alter Vorstellung »Blutnelken«.

Nach einer Zeit des Vergessens kamen die Nelken erst Ende des 18. Jahrhunderts wieder in Mode, wobei bei ihrer Renaissance lediglich die Blutnelkensymbolik erhalten blieb und die Mariensymbolik vergessen wurde. Die Royalisten trugen auf dem Weg zum Schafott rote Nelken als Zeichen ihrer Königstreue und ihres Mutes. Nelken wurden zur Blume der Revolution. Seit 1890 ist kaum eine SPD-Veranstaltung, vor allem keine 1. Mai-Feier, ohne rote Nelken denkbar. Sie war die Blume, die es in der Ex-DDR am ehesten zu kaufen gab.

Vielseitiges Gewürz für Süßes und Salziges

Bei der Gewürznelke sind nicht nur die Knospen, sondern auch die Wurzeln, Blätter, Blattstängel, Blüten und Früchte reich an ätherischen Ölen, so dass auch die Blätter oder die dunkelroten Früchte, die so genannten Mutternelken, als Gewürz verwendet werden, allerdings nicht in Europa.

Seit Nelken infolge der Unterwanderung des niederländischen Nelkenmonopols ihren anfänglich immensen Wert verloren hatten, d.h. seit Ende des 18. Jahrhunderts, wurden sie für eine breitere europäische Konsumentenschicht erschwinglich. In unserer Küche wird Nelke, ähnlich wie Zimt, zur

Der Blick in eine bäuerliche Küche vor dem Zweiten Weltkrieg zeigt, dass die Zahl der verwendeten Gewürze sehr beschränkt war. Um die Mitte des 19. Jahrhunderts war der einstmals so reichliche Gewürzgebrauch in der Alltagsküche aus der Mode gekommen. Ärzte hatten vor den vermeintlich schädlichen Inhaltsstoffen einiger Gewürze gewarnt. Auch die Propaganda während des Dritten Reiches förderte es, dass die deutsche Hausfrau sich in ihrer Küche auf die Verwendung heimischer Kräuter beschränkte und auf den Gebrauch importierter Gewürze möglichst ganz verzichtete. Erst in den späten sechziger Jahren des 20. Jahrhunderts wurde die deutsche Küche offener gegenüber einem großzügigeren und vielfältigeren Einsatz von Gewürzen. Photo: Freilichtmuseum Glentleiten, Grossweil

Aromatisierung von süßen und salzigen Speisen verwendet, gerne für (Weihnachts-) Gebäck, Lebkuchen, Obstkompotte, Liköre und Glühwein, aber auch für Rotkohl, Sauerkraut und Wildgerichte.

Ein wichtiger Abnehmer für Nelken ist einerseits die Likörindustrie – die meisten Gewürz-, Kräuter- und Bitterliköre sind unter anderem mit Nelke aromatisiert –, andererseits aber auch die Wurstindustrie. Das möge zum Anlass für den generellen Hinweis dienen, dass der Löwenanteil aller Gewürze heute nicht vom Einzelhandel und damit vom privaten Endverbraucher gekauft wird, sondern in die Lebensmittelindustrie geht.

Von den etwa 800 Gramm Gewürzen, die laut Statistik jeder Bundesbürger im Schnitt pro Jahr zu sich nehmen soll, wird das meiste in Form industriell hergestellter Lebensmittel bzw. als Gastronomie- und Kantinennahrung verzehrt: in Likör, Paprikachips, Kräuterquark, -butter und -frischkäse, Mayonnaise, Senf, Würz- und Salatsaucen, Brot und (Weihnachts-) Backwaren, Fischkonserven, Brühwürfeln und Tütensuppen, Tiefkühlgerichten und Wurst. Die Verbrauchsstatistik für Gewürze spiegelt dabei sehr deutlich wider, dass Deutschland ein Land mit ausgeprägter Wurstkultur und -tradition ist. Etwa sechs Prozent eines typischen Brühwurstgewürzes besteht aus Nelken, bei einem typischen Blutwurstgewürz sind es sogar zehn Prozent. Das Gewürz wird bevorzugt solchen Würsten zugesetzt, die nicht gebraten werden: Nelke bekommt bei starker Erhitzung eine leichte Bitternote, gehört also wie Kardamom, Paprika, Rosmarin, Muskat und Majoran zu den nicht sehr hitzestabilen Gewürzen.

Gut verschlossen aufbewahrt, halten Gewürznelken mit ihrem intensiven Aroma bis zu zwei Jahre. Gemahlene Nelken dagegen sollte man rasch aufbrauchen, da die Zellen, in denen sich das ätherische Nelkenöl befindet, durch das Mahlen aufgebrochen werden und das Duft und Aroma bestimmende Öl folglich schnell verfliegt. Ätherische Öle tragen ihren Namen nicht umsonst: Die Bezeichnung drückt aus, dass sie sich schnell in den »Äther«, sprich die Atmosphäre, verflüchtigen.

Nelken als Bestandteil von Gewürzmischungen und Worcestersauce

Nelken sind Bestandteil vieler Gewürzmischungen, z. B. der chinesischen Fünf-Gewürze-Mischung, des indischen Currypulvers oder des indischen »Garam Massala«. Auch der Geschmack der bekannten Worcestersauce, die 1835 von den beiden Apothekern John Lea und William Perrins aus Worcester, einer mittelenglischen Stadt in der Nähe Birminghams, entwickelt wurde, ist von Nelkenaroma bestimmt. Die beiden Apotheker hatten die Würzsoße ursprünglich im Auftrag und nach einem Rezept des aus Indien zurückgekehrten Lord Marcus Sandys hergestellt.

Der ehemalige Gouverneur Bengalens wollte auch als Pensionist im heimatlichen England sein Essen mit einer Soße verfeinern, die möglichst alles enthielt, was die ihm lieb gewordene gewürzreiche indische Küche geschmacklich zu bieten hatte. Die Soße wurde ein solcher Erfolg, dass Lea & Perrins sie 1849 in alle Welt zu exportierten begannen.

Muskatnuss und Macis:
zwei Gewürze von einer Pflanze

Muskat

Die Geschichte der Muskatnuss (*Myristica fragans*) weist in vielerlei Hinsicht Ähnlichkeiten mit der Geschichte der Gewürznelken auf: Beide Gewürze kamen ursprünglich nur auf den Molukken vor; beide waren ursprünglich so rar, dass ihr Handel von den Niederländern bis ins späte 18. Jahrhundert hinein monopolisiert werden konnte. Ihre Geschichte liest sich wie ein Kriminalroman: Nie wurden andere Gewürze in vergleichbarer Weise zum Gegenstand eines Monopols wie die so genannten feinen Gewürze Nelke, Muskatnuss, Macis und zeitweise auch Ceylonzimt. Pfeffer blieb, um nur ein Beispiel zu nennen, immer ein Produkt, das sich weder bei der Erzeugung noch beim Ankauf monopolisieren ließ, dazu war er viel zu häufig und kam in zu vielen verschiedenen Regionen vor.

Während die Nelken ursprünglich nur auf den Nordmolukken vorkamen, wuchs der Muskatnussbaum bis Ende des 18. Jahrhunderts fast ausschließlich auf einer winzigen, unzugänglichen Inselgruppe

◄◄◄ **Im botanischen Sinne** *ist die Frucht des Muskatnussbaums keine Nuss, sondern eine einsamige Beere. Unter deren Fruchtfleisch verbirgt sich ein Steinkern, der einen ölhaltigen Samen enthält, unsere Muskatnuss. Der karminrote Samenmantel kommt in getrockneter Form als Muskatblüte oder Macis in den Handel. Photo: Teubner Foodstudio, Füssen*
◄◄ **Die sehr langsam** *wachsenden Muskatnussbäume werden etwa 18 Meter hoch. Aus praktischen Gründen schneidet man sie auf sechs bis neun Meter zurück. Ein Baum liefert etwa 1500 Nüsse und 500 Gramm Macis pro Jahr. Photo: Königliches Tropeninstitut, Amsterdam*
◄ **Aprikosenähnliche,** *erntereife Muskatfrucht. Photo: Teubner Foodstudio, Füssen*
► **Banda-Inseln** *in den Südmolukken. Diese Handvoll winziger Inseln im östlichen Malaiischen Archipel bewegten im 16. Jh. die Weltgeschichte. Nur dort gediehen die Muskatnüsse. Photo: Jürgen Nagel, Trier*

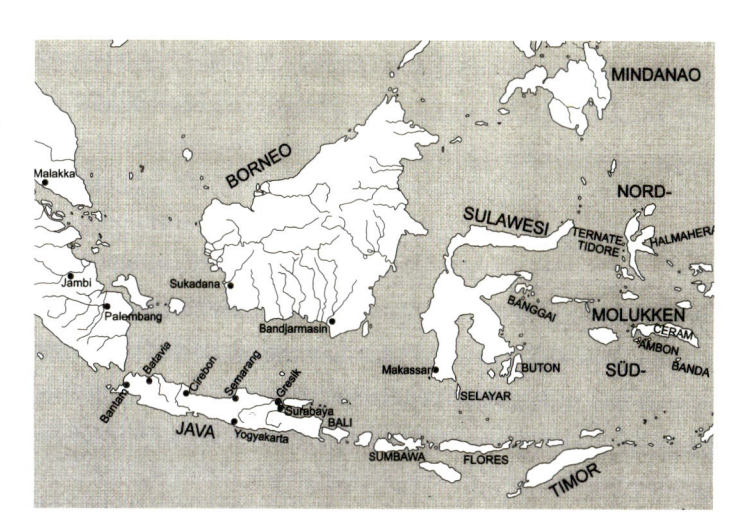

der Südmolukken, den Banda-Inseln. Dieses, aus nur sechs winzigen Eilanden, nämlich Lantor, Banda Neira, Run, Ai, Rozengain und dem Vulkan Gunong Api bestehende Archipel war und blieb bis Ende des 18. Jahrhunderts alleiniger Produzent von Muskatnussgewürzen auf der Welt.

Gewürznelken waren von Natur aus häufiger und weiter verbreitet als Muskatnüsse. Auch waren die Inseln, auf denen Nelken wuchsen, dank ihrer geographischen Lage zugänglicher als die südlich gelegenen Banda-Inseln. Da die Nelken produzierenden Nordmolukken schon lange vor der Zeitenwende von Händlern besucht wurden, waren Nelken den Europäern bereits in der klassischen Antike gut bekannt. Im Falle der Muskatnuss waren die Verhältnisse schwieriger: Die Banda-Inseln lagen außerhalb der alten Schifffahrts- und Handelswege, so dass die Muskatnuss im klassischen Altertum eher unbekannt war. Zwar erwähnen der griechische Botaniker Theophrast (372–288 v.Chr.) und etwa 350 Jahre später der römische Schriftsteller Plinius d. Ä. (23/24–79 n.Chr.) unter dem Namen »comacum« eine aus Indien bzw. Arabien kommende aromatische Nuss. Obwohl deren Beschreibung auf die

Muskat

Muskatnuss *Myristica fragans* zutreffen könnte, bleibt unklar, inwieweit die antike Welt die Muskatnuss tatsächlich nutzte. Auffällig ist, dass sie in den Schriften der antiken Ärzte nicht erwähnt wird.

Die Muskatnuss als Arzneimittel

Im größeren Umfang wurde die Muskatnuss im Abendland erst im Lauf des 11. Jahrhunderts bekannt. Dies war arabischen Ärzten zu verdanken, die dank ihrer Kontakte zu orientalischen Händlern über Eigenschaften und Nutzen importierter Spezereien berufsbedingt immer gut informiert waren. Wie viele Gewürze, wurde die Muskatnuss in Indien seit alters als Heilmittel bei den verschiedensten Beschwerden verabreicht. Auch in Europa wurde sie anfangs nur als Arzneidroge, d.h. medizinisch-pharmazeutisch, verwendet und wurde erst allmählich ein Gewürz im modernen Sinne, also eine nur zu Würzzwecken verwendete Speisezutat. Eine wichtige Mittlerfunktion bei der Rezeption des umfangreichen medizinischen Wissens der Araber spielte der in Karthago geborene Benediktinermönch Constantinus Africanus (um 1018–1087), der im berühmten Kloster Monte Cassino, dem Mutterkloster des Benediktinerordens, lebte. Er übersetzte die großen Werke der arabischen Medizin ins Lateinische, schuf als erster eine lateinische medizinische Fachsprache und legte damit die Grundlage für die Entwicklung der wissenschaftlichen Medizin in Europa. Mit seinen Übersetzungen sorgte er unter anderem auch dafür, dass die Muskatnussgewürze Eingang in die westliche Pharmazie fanden. Von der frühen Verwendung der Muskatnuss in der abendländischen Medizin zeugen unter anderem einige Rezepte der bekannten Benediktinerinnenäbtissin Hildegard von Bingen (1098–1179).

◀ **Muskatnuss galt** *als hilfreich bei Erkrankungen des Magen-Darm-Trakts und, äußerlich angewendet, bei Rheumatismus und Neuralgien. Die antimikrobiellen Eigenschaften der Muskatnuss sind heute unbestritten, werden medizinisch aber nicht mehr genutzt. Photo: Deutsches Museum, München*

▲ **Von Leonhart Fuchs** *(1501–1566), Arzt und Professor für Medizin an der Universität Tübingen, sind 1529 Pflanzendarstellungen überliefert. Fuchs hat die asiatischen Gewürzpflanzen nie gesehen: Die korrekt wiedergegebenen Muskatfrüchte hängte er an einen imaginären Baum. Photo: Österreichische Nationalbibliothek, Wien*

Klosterpharmazie: Heilen im Mittelalter

Im Christentum, wo das christliche Gebot der Nächstenliebe die religiös motivierte Krankenpflege geradezu herausforderte, nahm die uralte Verbindung zwischen Religion und Heilkunde eine besondere Form an. Es ist also kein Zufall, dass sich die Pharmazie im Abendland zunächst in den Klöstern entwickelte.

Der Beginn der abendländischen Klosterbewegung fällt in das Jahr 529 n. Chr., in dem Benedikt von Nursia (um 480–547) auf dem Monte Cassino ein erstes Kloster gründete. Die Ordensregel des heiligen Benedikt verpflichtete die Mönche zur Krankenpflege, so dass sich die Benediktiner – und nach ihnen auch andere Orden – nicht nur der Seelsorge, sondern auch der Heilkunde widmeten. Obwohl die Arbeit am Krankenbett immer im Vordergrund stand, beschäftigten sich die Klosterbrüder auch theoretisch mit Medizin, Pharmazie und Naturwissenschaften.

Die Mönche wurden von ihren geistigen Führern dazu angehalten, sich mit dem aus der Antike überlieferten Wissen auseinander zu setzen (dies geschah, obwohl dieses Wissen heidnischen Ursprungs war und aus theologischen Gründen zunächst abgelehnt wurde) und sich vor allem gründliche Kenntnisse der pflanzlichen, tierischen und mineralischen Arzneimittel und ihrer Zubereitung anzueignen.

Sie sammelten, übersetzten und kopierten die medizinisch-pharmazeutischen Schriften der Antike, sie bewahrten und nutzten das dort überlieferte Wissen und adaptierten es an die Gegebenheiten des christlichen Abendlandes. So boten die Klöster einen institutionellen Rahmen, innerhalb dessen antik-weltliche und mittelalterlich-christliche Heiltraditionen problemlos miteinander verschmelzen konnten.

Unter Karl dem Großen (768–814) wurden die Klöster tatkräftig gefördert und erlebten eine große Blütezeit. Im ganzen Frankenreich ließ er Dom- und Klosterschulen einrichten. Besonders die Benediktiner wurden zu den großen »Erziehern Europas« und ihre Klöster zu einer Pflegestätte der Wissenschaft, speziell der Heilkräuterkunde. Um das Problem der Verfügbarkeit der benötigten Arzneipflanzen zu lösen, wurden in den Klöstern seit dem frühen 9. Jahrhundert Gärten angelegt, in denen neben Obst- und Gemüsepflanzen systematisch auch Heilkräuter angebaut wurden. Diese für die Entwicklung der Pharmazie so folgenreiche Tradition ging auf eine Initiative Karls des Großen

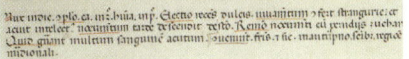

Das im 11. Jahrhundert entstandene Tacuinum sanitatis des arabischen Arztes Ibn Butlan stand in der Tradition der antiken Medizin von Hippokrates und Galen. Hier ist eine mit Miniaturen versehene Version aus dem späten 14. Jahrhundert zu sehen, in der alle Eigenschaften und Anwendungsmöglichkeiten aufgezählt sind, die man der Muskatnuss nach der Elementen- und Viersäftelehre zuschrieb. Photo: Österreichische Nationalbibliothek, Wien

Muskat

zurück, der um das Jahr 812 eine Landgüterverordnung, das berühmte »Capitulare de villis et curtis imperialibus«, erließ, die detailliert festlegte, welche Gewächse, Bäume und Kräuter auf den kaiserlichen Hofgütern angepflanzt werden sollten. Mit dieser Regelung sollte sichergestellt werden, dass dem Kaiser und seinem Gefolge bei ihren Reisen durchs Land überall genügend Agrarerzeugnisse und vor allem eine gewisse Vielfalt von Pflanzensorten zur Verfügung standen. Die Landgüterverordnung Karls des Großen wurde auch für alle fränkischen Klöster verpflichtend: diese benutzte der Herrscher auf seinen Reisen ebenfalls häufig als Etappenstation. Das »Capitulare de villis« beeinflusste die Gestaltung der Klostergärten grundlegend und sehr nachhaltig. 73 Küchengewächse und aromatische Kräuter wurden hier namentlich genannt, darunter viele seit der Antike bekannte Arznei- und Gewürzpflanzen wie Salbei, Raute, Rosmarin, Poleiminze, Liebstöckel, Thymian, Dill, Kümmel, Petersilie, Majoran und Lorbeer. Deren Zusammenstellung ging wahrscheinlich auf antike Pflanzenverzeichnisse zurück. Alle oben genannten Pflanzen stammten ursprünglich aus dem Mittelmeerraum und waren durch die Römer auch nördlich der Alpen angesiedelt geworden. Der um das Jahr 820 entstandene Klosterplan von St. Gallen, der idealtypische Grundriss eines großen fränkischen Benediktinerklosters, zeigt, dass die im klösterlichen Kräutergarten zu kultivierenden Arzneipflanzen fast alle nach der Landgüterverordnung Karls des Großen und damit nach antiken Vorbildern ausgewählt worden waren. Auf diese Weise wurde das Wissen der Alten über die ursprünglich aus dem Mittelmeerraum stammenden Arzneipflanzen in den Klöstern bewahrt und weitergegeben.

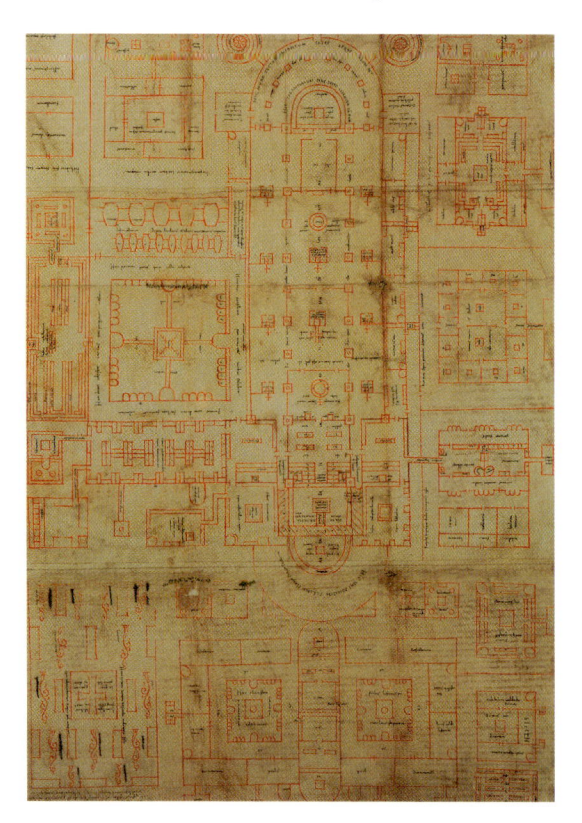

Wie das Beispiel der Äbtissin Hildegard von Bingen (1098–1179) zeigt, erreichte das medizinisch-pharmazeutische Wissen der Benediktinerinnen ein ebenso hohes Niveau wie das ihrer Ordensbrüder. Dass Hildegard in ihrer Natur- und Heilkunde, in die so viel volkstümliches Wissen über heimische und in den Klostergärten gezogene Heilpflanzen einfloss, auch aus dem Orient oder sogar aus Asien importierte Arzneipflanzen mit der größten Selbstverständlichkeit erwähnte, z. B. Zimt, Bockshornklee, Galgant, Gewürznelken, Ingwer, Pfeffer und

Der um 820 *entstandene Klosterplan von St. Gallen gibt den idealen Grundriss eines Benediktinerklosters aus der Zeit um 800 wieder. Am rechten unteren Bildrand ist der Heilkräutergarten eingezeichnet, dessen 16 Beete genaue Beschriftungen der zu kultivierenden Pflanzen enthalten. Photo: Stiftsbibliothek, St. Gallen*

Muskat

eben auch Muskatnüsse, zeugt von der erfolgreichen Integration antiken medizinischen Wissens ins Abendland und davon, dass zu ihrer Zeit offensichtlich schon eine konstante Versorgung mit exotischen Arzneidrogen gewährleistet war. Vom 12. bis zum 19. Jahrhundert gehörten Muskatnüsse zum gängigen europäischen Arzneimittelschatz. Ihr Name leitet sich von der bis weit ins Mittelalter üblichen Bezeichnung »nuces moschatae«, d.h. »den nach Moschus riechenden Nüssen«, ab.

Der Genozid auf den Banda-Inseln

Obwohl Muskatgewürze seit dem 13. Jahrhundert in Europa regelmäßig verfügbar waren, wurde der Handel mit ihnen doch erst im 16. Jahrhundert wirklich bedeutend, als nämlich die Portugiesen 1511 als erste Europäer die Molukken betraten. So waren es denn auch die Portugiesen, die während des gesamten 16. Jahrhunderts Handel mit den Banda-Inseln betrieben.

1599 tauchten zum ersten Mal Niederländer auf den Banda-Inseln auf. Für sie war das Archipel von Anfang an eines der zentralen Ziele ihrer Expansion in Südostasien. Im Mai 1602, wenige Wochen nach

Miniatur eines Muskatnussverkäufers *aus einer Handschrift des* Tractatus de herbis *des Dioskurides, 15. Jh. Im Text werden die medizinischen Eigenschaften der* Nux indica, *der Muskatnuss, beschrieben. Das Bild stellt allerdings eher eine Kokosnuss dar. Photo: Biblioteca Estense, Modena*

Gründung der VOC, schlossen Vertreter der neuen Kompanie die ersten Monopol-Lieferverträge mit den Inselbewohnern ab, wobei betont werden muss, dass Muskatnussbäume damals noch nicht gezielt angebaut wurden, sondern wild wuchsen. Der Intention der VOC, den Muskatnusshandel auf den Banda-Inseln zu monopolisieren, standen anfangs noch die Engländer im Wege, die sich bis 1628 auf Run hielten, 1667 aber ihre Ansprüche auf diese Insel aufgaben. Damit hatten die Niederländer den gesamten Malaiischen Archipel unter ihre Kontrolle gebracht.

Um das Handelsmonopol auf Muskatnuss auf den Banda-Inseln durchzusetzen, errichteten die Niederländer 1608 auf der strategisch bedeutenden Insel Banda Neira ein Fort, das Fort Nassau. Der Druck, den sie auf die örtlichen Muskatproduzenten ausübten, führte zu zahlreichen Abschlüssen von Monopolverträgen. Die Bandanesen hielten die Vereinbarungen jedoch nicht immer ein, paktierten mit den Engländern gegen die Niederländer und versuchten mit allen ihnen zur Verfügung stehenden Tricks, auch militärischen Mitteln, ihre Selbstbestimmung zu bewahren.

Ihren Widerstand brach 1621 Jan Pieterszoon Coen (1587–1629), der von 1619 bis 1623 und nochmals von 1627 bis 1629 Generalgouverneur der VOC in Asien war, mit brutaler Gewalt. Seine Strategie bestand darin, die Banda-Inseln militärisch zu erobern und den gesamten Landbesitz für die VOC zu konfiszieren. Die Urbevölkerung wurde skrupel-

Muskat

los niedergemetzelt und fast vollständig ausgerottet. Auf den so gut wie entvölkerten Inseln siedelte er niederländische Plantagenbesitzer an, so genannte Perkeniers (»Perk« heißt im Niederländischen Park), die die Aufgabe hatten, parkähnlich gestaltete Muskatnussbaumpflanzungen – daher der Name – anzulegen. Grundbesitzerin der Plantagen, die von Freibürgern oder ehemaligen VOC-Bediensteten mit Hilfe versklavter Überlebender der Urbevölkerung oder importierter Sklaven bewirtschaftet wurden, blieb jedoch die VOC. So wurden die Banda-Inseln, diesbezüglich den Zuckerinseln der Karibik vergleichbar, zu einer reinen Plantagenkolonie für Muskatnüsse.

Um den Markt nicht mit Muskatnüssen zu überschwemmen und dadurch einen Preisverfall zu provozieren, kontingentierte die VOC die Muskatnuss-Produktion auf den Banda-Inseln in ähnlicher Weise, wie sie dies auch mit der Nelken-Produktion auf Ambon tun sollte. Ziel der VOC war es, die Produktion dieser »feinen« Gewürze sozusagen von der Produktion am Baum bis zur Lieferung an den Konsumenten unter ihre Kontrolle zu bringen. Innerhalb ihres Einflussbereiches wurden alle als überzählig empfundenen Bäume rigoros abgeholzt. Durch Samen, die Vögel verschleppten, keimten auf den verschiedensten Inseln zwar schnell neue Jungpflanzen aus. Da Muskatbäume aber erst nach fünf Jahren tragen, genügte es, das gerodete Terrain in etwa fünfjährigem Turnus zu kontrollieren und sämtliche mittlerweile hochgeschossenen Sämlinge auszurotten.

Hinsichtlich der Lieferung lebensnotwendiger Güter wurden die Muskatnuss-Produzenten auf den Banda-Inseln völlig von der VOC abhängig: Von 1622 bis 1827, also über zweihundert Jahre lang, mussten die Perkeniers die gesamte Ernte an Muskatnüssen und -blüten an die Kompanie verkaufen, und zwar zu einem einseitig von der VOC festgesetzten, sehr niedrigen Einkaufspreis. Die Gewinne, die die VOC im Muskatnusshandel erzielte, waren bis ins zweite Drittel des 18. Jahrhunderts – selbst nach Abzug aller Unkosten wie Ausrüstung und Instandhaltung der Schiffe, Verproviantierung, Löhne für die Mannschaft etc. – beträchtlich: Man zahlte den Perkeniers im Mittel fünf Cent für ein Pfund Muskatnüsse und, je nach Qualität, 36,5 bis 43,5 Cent für ein Pfund Muskatblüte, verkaufte das Pfund Muskatnüsse in Amsterdam aber zu einem Durchschnittspreis von 3,75 Gulden und das Pfund Muskatblüte zu durchschnittlich 6,45 Gulden.

Die VOC schickte zwei- bis dreimal im Jahr einen großen Ostindienfahrer nach Banda Neira, um

Das Kastell Batavia *vom Fischmarkt aus gesehen (1656). Ölgemälde von Andries Beeckmann. Das von Europäern gegründete Batavia, das heutige Jakarta an der Nordküste Javas, war ein Zentrum des Gewürzhandels in Südostasien. Photo: Königliches Tropenmuseum, Amsterdam*

die Gewürze abzuholen, und lieferte im Gegenzug javanischen Reis und indische Baumwollstoffe, Waren, die die VOC mit einem Gewinn von 50 bis 70 Prozent auf den Banda-Inseln verkaufte.

Der Textilhandel der VOC

Das Problem im europäischen Asienhandel bestand nicht darin, Gewürze und andere Luxuswaren aufzutreiben. Alles, was in Europa begehrt war, gab es hier in Hülle und Fülle. Problematisch war vielmehr, diese Einkäufe zu finanzieren und die Waren nach Europa zu transportieren. Finanzierung und Transportkapazität blieben in der gesamten frühen Neuzeit entscheidende Determinanten des Asienhandels der verschiedenen europäischen Handelsnationen.

Europäische Produkte waren im asiatischen Raum kaum begehrt und/oder zu teuer. Sie gegen Gewürze und andere Luxusgüter einzutauschen, erwies sich als unmöglich. Die meiste asiatische Ware musste mit ungemünztem Edelmetall bezahlt werden. Dazu wurden enorme Mengen Edelmetall, das ursprünglich aus den Minen Spanisch-Amerikas stammte, via Europa um das Kap der Guten Hoffnung herum nach Asien verschifft.

Um die Gewürzeinkäufe finanzieren zu können, begann die VOC einen umfassenden innerasiatischen Handel. Ursprünglich aus der Not heraus geboren, in den Besitz von Waren und Edelmetallen zu gelangen, die als Zahlungsmittel von den asiatischen Handelspartnern akzeptiert wurden, entwickelte sich der innerasiatische Handel im Laufe der Jahrzehnte zu einem für die VOC sehr einträglichen Geschäft, in das letztlich auch Europa miteinbezogen wurde.

Ein wichtiger Handelspartner der VOC waren beispielsweise die indischen Textilzentren in Gujarat im Nordwesten, der Koromandelküste im Südwesten und Bengalen im Nordosten Indiens. Die indischen Baumwolldrucke wurden ursprünglich in Südostasien gegen Gewürze eingetauscht, gelangten seit den 1670er-Jahren neben Porzellan, Tee und anderen asiatischen Waren zunehmend auch nach Europa, wo es dank neuer Modeströmungen einen großen Bedarf zu decken galt: Indischer Kattun war als Möbelbezug, Bettüberwurf, textile Wandbespannung, Kissenüberzug, aber auch als Stoff für Jacken, Westen und Kleider sehr begehrt. So hinterließ die Handelspolitik der VOC unter anderem auch ihre Spuren in der Geschichte der europäischen Mode. Die VOC prägte vielfach das Design der aus Indien exportierten Stoffe, denn die Motivwahl wurde in dem Bemühen, Ware zu importieren, die den euro-

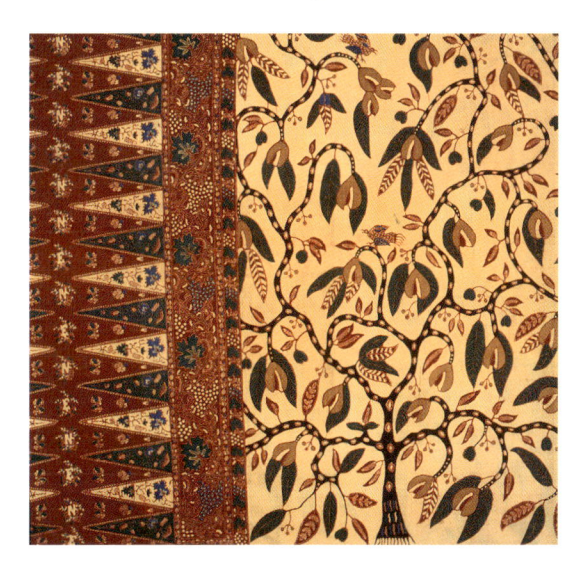

Batik aus Nordjava *mit Muskatnussmotiv, Mitte 19. Jh. Die Muster der indonesischen Batiken spiegeln wider, welch große Bedeutung die Gewürzpflanzen des Landes für die Einheimischen hatten. Ähnlich häufig wie das Muskatnussmotiv ist auf Batiken die stilisierte Blüte des Gewürznelkenbaumes zu finden. Photo: Königliches Tropeninstitut, Amsterdam*

Muskat

päischen Geschmack genau traf, oft vorgegeben und regelrecht nach Muster bestellt. Zwei- bis dreimal jährlich fanden in Amsterdam Auktionen statt, auf denen Kaufleute aus ganz Europa indische Baumwolldrucke erstehen konnten.

Eine interessante Rolle spielten die von der VOC besorgten indischen Baumwolltextilien übrigens auch im westafrikanischen Sklavenhandel. Sie dienten der niederländischen Westindien-Kompanie als Zahlungsmittel, um in Westafrika Sklaven einzukaufen. Der typische Kleidungsstil der Westafrikaner, die bis heute gerne auffällig bunt bedruckte Baumwollstoffe tragen, ist eine immer noch sichtbare Folge der damaligen Handels- und Kolonialpolitik der Niederländer.

Die Muskatnuss wandert um die Welt

Dass die Niederländer bis ins späte 18. Jahrhundert hinein als die alleinigen Produzenten von Muskatgewürzen galten, bedeutet nicht, dass es ihnen tatsächlich gelungen wäre, alle Muskatnussbäume und -produzenten außerhalb des Banda-Archipels vollständig auszurotten und jeglichen Schmuggel zu unterbinden. Allen drakonischen Maßnahmen zum Trotz gab es natürlich Schlupflöcher, das niederländische Monopol gelegentlich zu unterwandern. Allerdings sorgte eine geschickte Produkt-Promotion und effiziente Qualitätskontrolle dafür, dass in ganz Europa nur die niederländische Banda-Nuss als die einzige echte Muskatnuss galt, andere dagegen als Fälschung.

Dass das niederländische Muskatnussmonopol zu durchbrechen war, zeigten die Aktivitäten des französischen Pflanzenjägers Pierre Poivre, von dem schon im Kapitel über die Gewürznelke berichtet wurde. Er sorgte mit seinem Pflanzenschmuggel dafür, dass Frankreich 1770 in den Besitz von Gewürznelken- und Muskatnuss-Setzlingen kam. Beide Gewürze machte Poivre auf Mauritius, wenige Jahre später auch auf der damaligen Île de Bourbon, dem heutigen La Réunion, heimisch.

Damit verloren die Banda-Inseln für die Niederlande allmählich an Bedeutung. 1796 ließen sich die Engländer als Folge der Napoleonischen Kriege auf den Molukken nieder und verpflanzten den Muskatnussbaum nach Sumatra und Indien. Während des englischen Interregnums hatte die VOC Bankrott erklärt und wurde 1800 aufgelöst. Obwohl die Niederländer 1803 als Kolonialmacht auf das Archipel zurückkehrten, konzentrierten sie sich zunehmend auf Java und vernachlässigten die Molukken. Die bis zum heutigen Tag hauptsächlich von Landwirtschaft und Fischerei lebenden Inseln, die seit 1949 zu Indonesien gehören, leiden nach wie vor an den wirtschaftlichen Folgen der niederländischen Kolonialpolitik.

Grenadas Nationalflagge *mit Muskatnussmotiv. Die Landwirtschaft ist der wichtigste Wirtschaftssektor im Entwicklungsland Grenada. Hauptexportprodukte sind Zucker, Baumwolle, Kakao, Bananen, vor allem aber Muskatnüsse. Die Landwirtschaft steht jedoch auf tönernen Füßen, da die Plantagen stets von Wirbelstürmen bedroht sind. Photo: Deutsches Museum, München*

Muskat

Von den Molukken nach Grenada

Heute werden Muskatnüsse außer auf den Banda-Inseln und auf Mauritius in vielen tropischen Gebieten nördlich und südlich des Äquators produziert, so in Indonesien, Sri Lanka, Südindien, Madagaskar, Réunion, Brasilien und den Westindischen Inseln. Hauptproduzent ist seit 1843 die in der südöstlichen Karibik (Westindien) liegende Gewürzinsel Grenada. 40 bis 60 Prozent der Welternte kommen von dort und werden größtenteils in die USA exportiert. Dieses Gewürz dominiert auf Grenada derart, dass die Muskatnuss seit der Unabhängigkeit der Insel im Jahre 1974 als Flaggenemblem verwendet wird.

Was sind Muskatnüsse und Muskatblüten?

Das, was wir Muskatnuss nennen, ist botanisch keine Nuss, sondern der Same der pfirsichähnlichen Frucht des immergrünen, zweihäusigen Muskatnussbaums aus der rein tropischen Familie der Muskatnussgewächse *(Myristicaceae)*. Der Baum kann 15 bis 18 Meter hoch werden, wird aber in Kultur bei maximal zehn Meter gehalten. Er blüht das ganze Jahr über, so dass an den weiblichen Bäumen neben Blüten stets reife Früchte zu finden sind. Zwei- bis dreimal im Jahr wird geerntet (1500 bis 2000 Früchte pro Baum). Die hellgelbe, etwa fünf bis sechs Zentimeter lange, einsamige Frucht benötigt ca. neun Monate bis zur Reife. Dann platzen die Früchte mit einem Längsriss in zwei Hälften, und der braune Same, dessen Schale von einem leuchtend roten, netzartigen Samenmantel *(Arillus)* umgeben wird, liegt frei.

Die Früchte werden mit speziellen Muskatnusspflückern, langen Bambusstangen, an deren Ende ein hölzernes oder eisernes Körbchen angebunden ist, vom Baum gerissen. Unmittelbar nach der Ernte wird das herbe Fruchtfleisch, das zu Marmelade oder Sirup verarbeitet wird, entfernt; die Samen werden in speziellen Darrhäusern mehrere Wochen langsam getrocknet. Zuvor wird allerdings der leuchtend rote Samenmantel abgelöst, geglättet und getrocknet. Er bildet das als Gewürz hochwertige, beim Trocknen gelblich werdende Macis, auch Muskatblüte genannt.

Der Muskatnussbaum liefert also zwei Gewürze. Die missverständliche Bezeichnung »Muskatblüte« kommt dadurch zustande, dass man den leuchtend roten Samenmantel im Mittelalter irrtümlicherweise für die Blüte des Baumes hielt.

Nach Abschluss des Trocknungsvorganges, den man daran erkennt, dass der Same in der Samenschale zu klappern beginnt, wird Letztere mit Holzstampfern oder Reibsteinen geknackt und entfernt.

Nach der Bestäubung wächst der Fruchtknoten der weiblichen Blüte zu einer aprikosenähnlichen Frucht heran. Wenn diese erntereif ist, platzt sie entlang einer Naht auf. Im dicken Fruchtfleisch kann man den roten Samenmantel erkennen, der den Steinkern umgibt. Photo: Teubner Foodstudio, Füssen

Muskat

Übrig bleibt der ca. drei Zentimeter große Same, der schließlich, nach Größe sortiert, als so genannte Muskatnuss in den Handel kommt.

Früher wurden Muskatnüsse zum Schutz vor Insektenbefall und zur Verhinderung der Keimung gekalkt. Mit dieser Maßnahme wollte man unter anderem auch verhindern, dass andere Kolonialmächte aus den Samen Setzlinge ziehen und anderswo Muskatnussplantagen anlegen konnten. Heute gilt eine Kalkung als unstatthafte Verfälschung. Man begast lieber, um Schädlingsbefall zu verhindern.

Anfällig für Schimmelpilzbefall

Während der Endverbraucher einen Insektenbefall von Muskatnüssen an den Bohrlöchern leicht erkennen kann, ist es sehr viel schwerer, einen möglichen Schimmelpilzbefall zu entdecken. Schimmelpilze dringen über den Nabel der Nuss ein, besonders wenn die Ware nicht sorgfältig getrocknet wurde, und können große Probleme verursachen. Es gibt nämlich bestimmte Schimmelpilze, vor allem Aspergillus- und Penicillium-Arten, die als normales Stoffwechselprodukt die Krebs erregenden Aflatoxine produzieren. Für Mensch und Tier sind diese natürlichen Substanzen, die erst 1960 entdeckt wurden, sowohl akut als auch chronisch toxisch. Der Genuss aflatoxinhaltiger Nahrung führt unweigerlich zu Leberschäden.

Von den etwa 100 000 beschriebenen Pilzarten sind derzeit 18 bis 20 als Produzenten dieser gefährlichen Giftstoffe bekannt. Die betreffenden Schimmelpilze wachsen in feuchtwarmer Umgebung besonders gut. Lebensmittel pflanzlicher Herkunft bieten dazu ideale Bedingungen. Deshalb gehören gewisse tropische Lebensmittel wie Erdnüsse, Paranüsse, Muskatnüsse, unzureichend getrocknete Chilis und damit Cayennepfeffer zu den am stärksten mit Schimmelpilzgiften belasteten Nahrungsmitteln. Aber auch europäische Produkte wie Getreide, Mohnsamen, Pistazien, Walnüsse, Mandeln und Feigen werden leicht befallen.

Da die Giftstoffe wasserlösliche Substanzen und vergleichsweise kleine Moleküle sind, kommen sie nicht nur am Ort der Bildung vor, sondern sind nach kurzer Zeit im ganzen Lebensmittel nachzuweisen. Nur eine gut funktionierende Lebensmittelüberwachung kann sicherstellen, dass weitgehend aflatoxinfreie Lebensmittel auf den Markt kommen: Der in Europa gültige Grenzwert liegt sehr niedrig, bei nur zwei Mikrogramm Aflatoxin B1 pro Kilogramm Lebensmittel. Das sind zwei Millionstel Gramm pro Kilo. In über 130 Ländern ist der Gehalt an Aflatoxinen rechtlich geregelt, wobei die jeweiligen Grenzwerte von Land zu Land schwanken.

Durch Einhaltung geeigneter Lager- und Trans-

Durch Klappern *wird geprüft, ob die Muskatnüsse möglicherweise hohl sind. Beim Sortieren in verschiedene Qualitätsstufen helfen auch Kinder mit. Photo: Michael Rendlen, Gewürzmüller, Stuttgart*

Muskat

portbedingungen sowie durch vorbeugende Konservierungsmaßnahmen ist das Schimmelpilzwachstum nach der Ernte weitgehend vermeidbar. Gegen Schimmelpilzbefall und Aflatoxinbildung vor der Ernte existiert dagegen kein zuverlässiger Schutz. Allerdings gibt es seit kurzem einfache und dennoch sehr empfindliche Messverfahren, um den Gehalt an Krebs erzeugenden Aflatoxinen in Lebensmitteln bereits in den Versandlagern, d.h. im Erzeugerland selbst zu ermitteln. So können belastete Waren bereits am Ort der Erzeugung aussortiert werden.

Im Muskatrausch

Muskatnüsse sind sehr fettreich. Sie enthalten neben etwa 30 Prozent fettem Öl, der so genannten Muskatbutter, bis zu 16 Prozent ätherisches Öl, das so genannte Muskatsamenöl; Macis enthält bis zu 15 Prozent das so genannte Macisöl. Letzteres besitzt eine im Vergleich zum Muskatsamenöl etwas veränderte Zusammensetzung der Aromastoffe und hat dadurch ein deutlich feineres Aroma.

Größere Mengen Muskatnuss wirken toxisch, fünf bis 30 Gramm können sogar tödlich sein. Diese Wirkung wird auf bis zu acht Prozent im ätherischen Öl enthaltene psychoaktive Verbindungen, besonders die chemisch nahe verwandten Substanzen Safrol, Elemicin und Myristicin, zurückgeführt.

Um den Samen *freizulegen, werden die Muskatnüsse mechanisch geknackt. Photo: Teubner Foodstudio, Füssen*

Diese Riechstoffe werden in der menschlichen Leber zu Amphetaminderivaten umgesetzt, deren Strukturen dem Rauschgift Meskalin ähneln. Die Vergiftungserscheinungen reichen von Schweißausbrüchen, leichten Bewusstseinsveränderungen bis zu intensiven Halluzinationen. Durch Muskatnüsse hervorgerufene Rauschzustände hat es zu allen Zeiten gegeben. In den 1950er- und 1960er-Jahren wurden sie von Studenten, Beatniks und drogenabhängigen Strafgefangenen konsumiert, besonders dann, wenn anderer »Stoff« nicht verfügbar war. Die moderne Pharmakologie schätzt das Suchtpotenzial von Muskatnüssen aber gering ein. Die benötigten hohen Dosierungen führen zu heftigem Ekel gegenüber dem Muskatgeschmack, so dass ein Muskatrausch kaum zur Abhängigkeit oder zur Wiederholungstat führen kann.

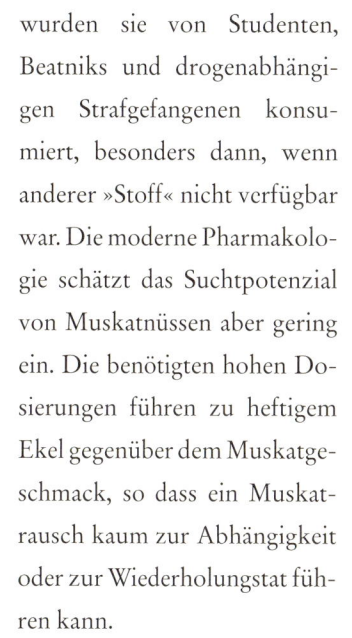

Beliebtes Aphrodisiakum

Die Muskatnuss galt jahrhundertelang als Aphrodisiakum und damit als Mittel, die sexuelle Lust steigern zu können. Diesen Ruf hatte sie nicht nur in Europa; im ganzen Vorderen und Hinteren Orient diente sie dem gleichen Zweck. In vielen orientalischen Rezepten zur Herstellung von anregenden Elixieren und berauschenden Aphrodisiaka werden ähnliche Gewürzkombinationen angegeben; fast immer ist Muskatnuss dabei.

Die Zuschreibung dieser Wirkung mag die Muskatnuss ihrem charakteristischen Duft zu verdanken

Muskat

haben sowie der Tatsache, dass ihr, wie den meisten Gewürzen, nach der Elementenlehre die Qualitäten »heiß« und »trocken« zugeschrieben wurden. Demnach sollte sie den Körper erwärmen und den Geschlechtstrieb aktivieren können. Möglicherweise schloss man, wie in anderen Fällen auch, bei der aromatisch duftenden ovalen, runzligen Muskatnuss in einer Art Analogiezauber von der äußeren Form des Gewürzes, dessen Farbe, Geschmack, Geruch, Herkunft usw. auf die jeweilige Wirkung. Vielleicht entfalteten ihre psychoaktiven Inhaltsstoffe tatsächlich eine anregende Wirkung. Wahrscheinlich beruhte ihre vermeintliche Wirkung, wie bei den meisten Aphrodisiaka, nur auf Aberglauben und Autosuggestion. Wie dem auch sei, Muskatnüsse wurden als Amulett getragen und waren Bestandteil seltsamer Bräuche. So sollte es als Liebeszauber wirken, wenn man eine ganze Muskatnuss verschluckte, diese nach dem Ausscheiden fein zerkleinerte und das Pulver schließlich dem begehrten Partner zu trinken gab.

Muskatreiben – ein Statussymbol

Die einst so wertvolle und hoch geschätzte Muskatnuss hat, da sie – gleichgültig ob als Liebeszauber, Medikament oder Gewürz verabreicht – letztlich immer gerieben wurde, in der Geschichte der Küchenutensilien und in der (Volks-) Kunst interessante Spuren hinterlassen.

Neben den seit dem 17. Jahrhundert bekannten metallenen Universalküchenreiben, mit denen z. B. altbackenes Brot, Kartoffeln, Maronen, Meerrettich und Käse, gelegentlich auch Muskatnuss und Ingwer gerieben wurden, gab es noch einen zweiten Typus von Reibe, der ausschließlich zum Reiben von Muskatnüssen diente.

Die aufwändig verzierten Muskatnussreiben waren ein persönlicher, wertvoller Gebrauchsgegenstand hoher Herrschaften, ein kostbares Gastgeschenk, und wurden meist in einem am Gürtel hängenden Etui getragen. Man führte diese am kleinen Format (etwa 15 x 3 Zentimeter) gut erkennbaren Reiben, ein Statussymbol, ständig bei sich, ähnlich wie wir heute ein Handy oder eine Designerhandtasche. Ihre Futterale oder Einsteckhülsen waren oft mit geschnitzten Ornamenten oder Einlegearbeiten aus Perlmutt oder Elfenbein versehen. Sie dienten vorzugsweise dazu, Bier oder Wein bei Tisch mit frisch geriebenem Muskat zu würzen, wurden also nie in der Küche benutzt. Natürlich spielte bei diesem Brauch, der an die Tradition der schon in der Antike bekannten Gewürzweine anknüpfte und schon von Hildegard von Bingen beschrieben wurde, auch eine Rolle, dass man geriebene Muskatnuss für heilkräftig, krankheitsabwehrend und aphrodisisch hielt.

Diese relativ kleinen, kunstvoll verzierten »persönlichen« Muskatreiben haben sich im Gegensatz

Ist der Steinkern aufgebrochen, liegt der Same, die eigentliche Muskatnuss des Handels, frei. Photo: Teubner Foodstudio, Füssen

zu einfachen Allzweck-Reiben als Kostbarkeit in vielen Sammlungen und Museen erhalten. Der Maler Toulouse-Lautrec (1864–1901) soll immer eine bei sich getragen haben, um seinen Portwein zu würzen.

Im Alpenraum, ganz besonders in Tirol, wurden sie im 19. Jahrhundert viel gebraucht. Verziert sind sie mit Motiven, die in der lokalen Volkskunst üblich waren. Sie zeigen nicht nur, wie die bäuerliche Bevölkerung Sitten der Oberschicht kopierte und adaptierte, sondern dokumentieren auch, dass die Muskatnuss, die im Mittelalter und der frühen Neuzeit von Venedig aus über die Alpen zu den Messestädten Mitteleuropas transportiert wurde, auf ihrem Weg nach Norden in Küche und Brauchtum der Alpenregion Spuren hinterließ, die bis ins 19. Jahrhundert nachwirkten.

Medizinische Wirkung

In der Volksmedizin wird Muskatnuss besonders in Indien und Indonesien im Wesentlichen bei Beschwerden des Magen-Darm-Systems angewendet, wie Blähungen, Durchfall und Magenkrämpfen. Angesichts der stark antimikrobiellen Wirkung des Muskatnussöls scheint dies naturwissenschaftlich auch sinnvoll zu sein.

Gepulverte Muskatnuss diente auch in der westlichen Welt jahrhundertelang als Magenmittel, wird aber heute wegen ihrer riskanten Inhaltsstoffe negativ bewertet und nur noch in der Homöopathie benutzt. Das ätherische Öl, seltener auch die Muskatbutter, waren Bestandteil hautreizender, äußerlich angewandter Einreibungen.

Ein klassisches Wurstgewürz

Geblieben ist die Verwendung als Gewürz, besonders bei der Zubereitung von Fleisch, Soßen, Suppen, Gemüse und Reis. In unserer Küche wird Muskatnuss im Vergleich zu früheren Zeiten nur noch in kleinen Mengen gebraucht. Pro Kopf der Bevölkerung isst man in den Niederlanden am meisten Muskat, ein Relikt aus der Zeit des niederländischen Muskatnussmonopols, in der sich die Niederländer offensichtlich an das teure Gewürz gewöhnt hatten: 62 Gramm im Jahr sind es dort, während in Deutschland durchschnittlich nur 25 Gramm verzehrt werden. In der deutschen Küche spielt Macis, das als das feinere der beiden Muskatnussgewürze gilt, keine Rolle. Es wird aber in der Wurstwarenindustrie viel eingesetzt, typischerweise zur Herstellung heller Würste, z. B. Münchner Weißwurst.

Der Kupferstich *aus dem Jahr 1710 zeigt, dass der Muskatnussbaum Knospen, Blüten und Früchte gleichzeitig tragen kann. Zu Füßen des Baums schmelzen zwei Eingeborene die so genannte Muskatbutter aus den fetthaltigen Samen aus. Photo: Bibliothèque Royale Albert Ier, Brüssel*

▲ **In manchen Anbaugebieten** *lässt man die reifen Muskatnüsse einfach abfallen und liest sie dann vom Boden auf. In anderen Regionen, besonders auf den Molukken, pflückt man sie sorgfältig mit langen Bambusstangen vom Baum. Historische Aufnahme von den Banda-Inseln, um 1890. Photo: Königliches Tropeninstitut, Amsterdam*

▶ **Das typische Erntegerät** *der Muskatpflücker auf Banda – hier ein Photo aus dem Jahr 1900 – waren lange Bambusrohre, an deren Spitze ein etwa 25 Zentimeter langes Bambuskörbchen angebracht war. Dieses lief an den beiden Enden spitz zu und war nur an einer Seite ein Viertel geöffnet. Mit diesem, unseren Obstpflückern ähnelnden Gerät wurden die Früchte von den Zweigen abgerissen. Die Öffnung des kleinen Behälters war von zwei mit Reißzähnen bewehrten Hölzern eingefasst. Photo: Königliches Tropeninstitut, Amsterdam*

Nachdem das Fruchtfleisch vom Samen abgetrennt ist, folgt als nächster Schritt das Abziehen des Samenmantels. Das geschieht mit einem kleinen Messer oder mit der Hand. Dabei ist Sorgfalt geboten, denn der Mantel soll unbeschädigt bleiben. Unversehrte Macis wird im Handel wesentlich höher bewertet als zerbröckelte. Aufnahme um 1929. Photo: Königliches Tropeninstitut, Amsterdam

Durch Absieben werden die Samen der Muskatnüsse der Größe nach sortiert. Große, glatte, gut gerundete und unbeschädigte Nüsse gelten als die wertvollsten. Aufnahme von den Banda-Inseln, um 1929. Photo: Königliches Tropeninstitut, Amsterdam

Die historische Aufnahme aus dem Jahr 1929 zeigt das Sortieren der Muskatnüsse nach Qualitäten auf der indonesischen Insel Banda. Photo: Königliches Tropeninstitut, Amsterdam

▲ **Elfenbeinerne Muskatreibe** aus dem Kunst- und Naturalienkabinett der Herzöge von Braunschweig-Lüneburg, 18. Jh. Durch eine spätere Montierung auf einen Holzsockel wurde die Elfenbeinskulptur zu einer Standfigur. Die auf der abgeflachten Rückseite eingelassene durchlöcherte Metallfläche beweist jedoch, dass sie ursprünglich als Muskatreibe diente. Die orientalisch anmutende Dame mit langem, reich verziertem Gewand sowie einer turbanähnlichen Kopfbedeckung mit herabhängendem Schleier ist eine Anspielung auf die ferne Herkunft des Gewürzes. Photo: Herzog Anton Ulrich-Museum, Braunschweig

▲▶ **Mit Intarsien verzierte** Muskatreibe mit herausziehbarem, zungenförmigem Deckel, vermutlich spätes 18. oder frühes 19. Jh. Photo: Tiroler Volkskunstmuseum, Innsbruck

▶ **Muskatnussreibe aus Messing** aus dem 18. Jahrhundert. Materialwahl und Verzierung des Gebrauchsgegenstandes zeigen, wie sehr die Muskatnuss im flämisch-niederländischen Raum als Gewürz und Heilmittel geschätzt wurde. Photo: Musée de la Vie Wallonne, Lüttich

▲ **Silbergefasster Muskatnussanhänger** mit angehängter Perle, 17./18. Jh. Muskatnüsse waren begehrte Aphrodisiaka und galten, gerade wenn sie in Silber gefasst waren, als kostbare Liebeszauber. Solche Amulette wurden auch zur Abwehr von Krankheiten getragen. Photo: Bayerisches Nationalmuseum, München

▲ **Ständer mit Muskatnuss,** süddeutsch, 17. Jh. Dieses vermutlich als Aufsatz eines Gefäßes dienende Objekt war Teil der Kunstkammer der Herzöge von Braunschweig-Lüneburg und zeigt eine damals noch seltene und teure Muskatnuss zwischen gedrechselten Elfenbeinteilen: Sie ruht auf einem runden Fuß und trägt als Bekrönung eine nach oben spitz zulaufende Doppelspirale. Photo: Herzog Anton Ulrich-Museum, Braunschweig

◀ **Kunstvoll verzierte Muskatreibe,** Lindenholz, vermutlich 1. Hälfte 17. Jh. Das als Ungeheuer gestaltete, fahrbare Objekt veranschaulicht die hohe Wertschätzung, die das Gewürz genoss. Photo: Bayerisches Nationalmuseum, München

Ein aromatisches
Stück Rinde

Zimt

Zimt ist die von der Außenrinde befreite, getrocknete Innenrinde von Bäumen, die zur Familie der Lorbeergewächse *(Lauraceae)* gehören. Zur Gattung der Zimtgewächse werden etwa 150 verschiedene tropische Baumarten gerechnet, die ursprünglich alle aus Süd- beziehungsweise aus Südostasien stammen und in diesen Regionen seit alters als Heilmittel und Gewürz verwendet wurden und bis heute werden. Nur vier davon sind wirtschaftlich wichtig, bezogen auf den europäischen Markt sind es sogar nur zwei bis drei Arten:

▶ Die Zimtart mit der längsten historischen Bedeutung ist die Kassie (auch Chinesischer Zimt, Chinazimt, Zimtkassie oder Kassiazimt genannt), in der botanischen Nomenklatur *Cinnamomum cassia.* Diese Art stammt ursprünglich aus dem Südosten Chinas. Dort wurde sie schon 2700 v. Chr. als Gewürz und Arznei benutzt und gelangte auf den Seiden- und Gewürzstraßen schon zweieinhalbtausend Jahre vor Christi Geburt in das Zweistromland. Bis heute wird sie in China, ihrer ursprünglichen Heimat, kultiviert, zusätzlich aber noch in Vietnam, Indonesien und Japan. Kassie gelangt auf dem Weg über den Pazifik heute überwiegend auf den amerikanischen Markt. Die Art darf nicht mit der *Cassia* verwechselt werden, einer Pflanzengattung aus der Familie der *Caesalpiniaceae*, die häufiger Bestandteil von Abführmitteln ist.

▶ Ceylonzimt (Kaneel), in der botanischen Nomenklatur *Cinnamomum verum* oder *zeylanicum*, wurde erst später gehandelt als Kassiazimt. Er stammt ursprünglich aus Ceylon, dem heutigen Sri Lanka, sowie aus Südwestindien. Die Westküste Sri Lankas ist heute immer noch das wichtigste Anbaugebiet, daneben wird Ceylonzimt aber auch auf den Seychellen und in Madagaskar angebaut. Ceylonzimt hat ein feineres Aroma als Kassiazimt und ist die Art, die auf dem europäischen Markt am beliebtesten ist.

▶ Die dritte Zimtart ist der Padangzimt *Cinnamomum burmanii.* Er stammt aus Indonesien und erinnert im Geschmack an Ceylonzimt. Auch er hat für den deutschen Markt große Bedeutung.

Zimtbäume sind ausgesprochene Tropenpflanzen, die hohe Ansprüche an Boden und Klima stellen. Sie brauchen gleichmäßig hohe Durchschnittstemperaturen und viel Feuchtigkeit, gleichzeitig aber wasserdurchlässige Standorte, an denen sich die Nässe nicht stauen kann. Die immergrünen Bäume werden von Natur aus bis 20 Meter hoch. Aus Gründen der Praktikabilität werden sie aber als Sträucher kultiviert und, ähnlich unseren Korbweiden, auf 2,5 bis drei Meter zurückgeschnitten. Von den strauchartig gehaltenen Bäumen werden die etwa zweijährigen Schößlinge abgeschlagen und durch einen Längs- und mehrere Rundschnitte entrindet. Diese Arbeit erfordert außerordentliches Geschick und große Fingerfertigkeit, da man einen glatten Schnitt erzielen muss und die Rinde beim Schneiden nicht

◀◀◀ **Verschiedene Zimtqualitäten** *auf einen Blick: Ganz links die grobe Rinde des Kassiazimts, der teilweise sogar mit der borkigen Außenrinde auf den Markt gelangt. Da diese meist recht schmutzig ist, kauft man besser den in der Mitte dargestellten geschälten Kassiazimt. Ganz rechts ist der feine, zerbrechliche Ceylonzimt zu sehen, bei dem mehrere feine Bastschichten ineinander gesteckt werden und bei dem sich die Rinden von beiden Seiten her eng aufrollen. Photo: Teubner Foodstudio, Füssen*

◀◀ **Zimtbaum** *in Indonesien. Photo: Königliches Tropeninstitut, Amsterdam*

◀ **Ceylonzimt,** *mit möglichst heller Rinde und möglichst feiner Rindenstärke, gilt als der qualitativ höchstwertige. Photo: Teubner Foodstudio, Füssen*

Zimt

einreißen darf. Im Laufe der Jahrhunderte hat sich in Indien und Sri Lanka eine eigene Kaste der Zimtschäler herausgebildet, die diese Arbeit verrichtet. Die Rindenstücke werden nach der Ernte von natürlichen Unreinheiten wie Vogelmist, Parasiten und Pilzen gesäubert und dann einem Fermentationsprozess unterworfen. Sie sind in getrockneter Form das von uns benutzte Gewürz.

Ceylonzimt und Kassiazimt

Um Ceylonzimt zu gewinnen, entfernt man die äußeren Rindenschichten der Schößlinge, so dass nur die innere feine Bastschicht übrig bleibt. Sie hat den höchsten Gehalt an Aromastoffen. Der Bast rollt sich beim Trocknen von beiden Seiten her ein. Ceylonzimt gilt als der feinste Zimt und ist daran zu erkennen, dass mehrere der nur 0,3 bis 1,0 Millimeter dicken, gerollten Rindenschichten zu so genannten Quills ineinandergeschoben werden. Die frische Rinde ist weiß-grau. Erst durch enzymatische Umwandlungen während des Trocknungsprozesses, bei dem der Bast etwa zwei Drittel seines ursprünglichen Gewichts verliert, erhält die Rinde ihre charakteristische hellbraune Farbe. Die Quills sind ca. einen Zentimeter dick und über einen Meter lang. Daraus werden die uns bekannten, meist acht Zentimeter langen Zimtstangen geschnitten. Je nach Rindendicke unterscheidet man acht Qualitäten. Hochwertige Zimtrinde hat eine schöne hellbraune Farbe und einen hohen Gehalt an ätherischen Ölen. Gebrochene Stangen (Zimtbruch) und die bei der Verarbeitung anfallenden Schneidereste (Chips) werden meist zu Zimtpulver vermahlen oder zur Zimtölgewinnung benutzt.

Die Kassie wird weniger aufwändig entrindet. Da hier die Rinde als solche und nicht, wie im Falle des Ceylonzimts, die innere Bastschicht verwendet wird, ist sie viel dicker als beim Ceylonzimt und rollt sich daher nur von einer Seite ein. Kassiarinden werden nicht ineinander gesteckt, sondern zu Bündeln zusammengebunden.

Darstellung des Ceylonzimts *(rechts) und des Kassiazimts (links) aus einem Pflanzenbuch des frühen 19. Jahrhunderts. Zimt galt als erwärmend, harntreibend, verdauungs- und menstruationsfördernd. In Asien benutzt man nicht nur die Rinde, sondern auch die getrockneten unreifen Früchte des Kassiazimts als Gewürz für Pickles. Photo: Deutsches Museum, München*

Das Zimtöl und seine Inhaltsstoffe

Aus den Spänen und Bruchstücken, die als Abfälle (Chips) bei der Herstellung von Ceylon-Stangenzimt anfallen, wird das hellgelbe Zimtöl gewonnen. Ceylonzimt enthält ein bis vier Prozent ätherisches Öl, das zu 65 bis 75 Prozent aus dem stark nach Zimt riechenden Zimtaldehyd und zu vier bis zehn Prozent aus Eugenol, dem Hauptaromastoff des Nelkenöls, sowie etwa 30 weiteren Komponenten besteht. Der Gehalt des Kassiazimts an ätherischem Öl liegt bei etwa zwei Prozent und ist damit nicht nur geringer als im Falle des Ceylonzimts, sondern differiert auch in seiner chemischen Zusammensetzung. Ätherisches Kassiazimtöl enthält bis zu 90 Prozent Zimtaldehyd, dafür kommt wenig oder gar kein Eugenol vor.

Weitere Inhaltsstoffe des Zimts sind etwa zehn Prozent Stärke, Gerbstoffe und vor allem ein mit 6,6 Prozent relativ hoher Anteil an Calciumoxalat, der für den leicht bitteren Geschmack des Gewürzes verantwortlich ist. Bekannte Nutzpflanzen, die ebenfalls hohe Mengen an Calciumoxalat enthalten, sind Rhabarber und Spinat. Die ökologische Funktion des Bitterstoffs besteht vermutlich darin, Fraßfeinde durch die im Verlaufe der Evolution erworbene Erfahrung »bitter bedeutet ungenießbar« vom Verzehr der Pflanzen abzuhalten.

Cumarin in Zimt

In jüngster Zeit ist Zimt in die Schlagzeilen der Tagespresse geraten, weil er einen relativ hohen Gehalt an Cumarin hat. Das ist ein natürlicher Aromastoff, der in über 70 Pflanzen vorkommt, beispielsweise in Tonkabohnen (zwei bis drei Prozent), Waldmeister und Honigklee. Häufig liegt das Cumarin in der Pflanze nicht in freier Form vor, sondern ist glykosidisch, d.h. an Zucker gebunden. Es wird dank Einwirkung von Enzymen erst beim Trocknen oder Welken der Pflanzen freigesetzt.

Cumarin, eine angenehm nach Waldmeister bzw. Heu riechende Verbindung, wurde ursprünglich als Aromastoff benutzt, bis die direkte Verwendung in den USA im Jahre 1954 untersagt wurde: Wissenschaftliche Untersuchungen hatten ergeben, dass Cumarin bei Ratten und Hunden Leberkrebs auslösen kann. Seit dem Bekanntwerden dieser Sachverhalte ging der Konsum der traditionellen Waldmeisterbowle und der früher als Vanilleersatz verwendeten Tonkabohnen mit Recht deutlich zurück. In Deutschland ist die Verwendung cumarinhaltiger Gewürze zum Aromatisieren von Lebensmitteln und Tabakwaren seit 1974 verboten.

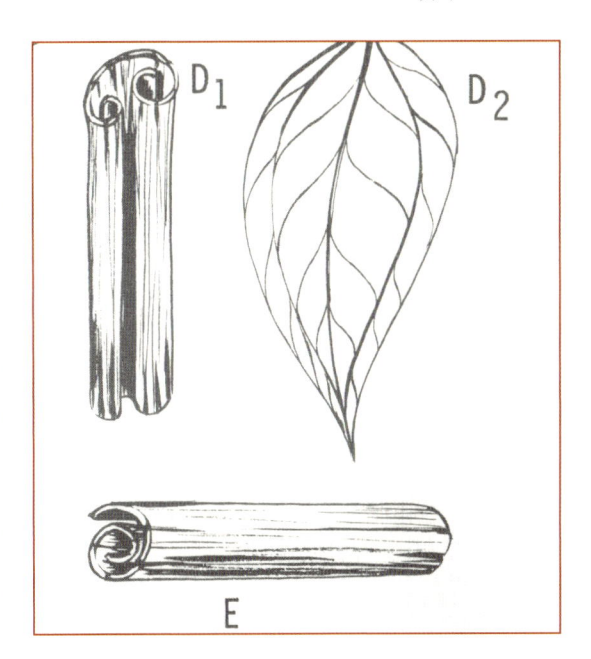

Den grobrindigen Kassiazimt *(E) erkennt man daran, dass er sich nur von einer Seite einrollt. Kennzeichen des Ceylonzimts (D1) ist dagegen, dass er sich von zwei Seiten her einrollt. Photo: Deutsches Museum, München*

Zimt

Nach der zur Zeit geltenden Höchstmengenregelung der EU-Aromenrichtlinie dürfen Getränke, Süßwaren und Kaugummis nur ganz minimale Konzentrationen Cumarin enthalten, die in der Größenordnung von zwei Milligramm pro Kilogramm liegen. Einige natürlich vorkommende Zimtarten enthalten nun aber sehr hohe Cumarin-Konzentrationen, so dass ein Lebensmittel, zu dessen Herstellung diese Zimtarten verwendet werden, leicht viel höhere Konzentrationen an Cumarin enthalten kann, als nach der Aromenrichtlinie erlaubt ist. Damit der Verbraucher nun keine Angst vor einer Zimtschnecke oder anderen mit Zimt aromatisierten Speisen oder Getränken haben muss, sei betont, dass Ceylonzimt und der Zimt aus Magadaskar deutlich geringere Cumarinwerte haben als alle Kassiasorten und dass die Gewürzindustrie das Cumarinproblem insofern im Griff hat, als sie Mischrezepturen auf den Markt bringt, d.h. Mischungen solcher Zimtarten, die von Natur aus kein oder wenig Cumarin enthalten.

Medizinische Wirkung

Die medizinische Wirkung jeder Zimtrinde wird von ihrem Gehalt an ätherischem Öl bestimmt. Zimtöl wirkt nachweislich stark antibakteriell, desinfizierend und entzündungshemmend. Es wirkt verdauungsfördernd und soll bei Erbrechen, Übelkeit, Blähungen, leichtem Durchfall und Appetitlosigkeit zu einer Besserung des Zustandes beitragen. Aus diesem Grund ist Zimtöl in fast allen Magenbittern enthalten. In größeren Mengen wirkt Zimtöl erregend auf das Herz-Kreislauf-System, auf Nerven und Muskeln und besonders auf den Uterus, so dass es ein früher beliebtes Abtreibungsmittel war.

Das Zimtblattöl, das billiger ist als das Zimtrindenöl, wird hauptsächlich als Geruchsträger in der Parfüm- und Kosmetikindustrie und bei der Seifenherstellung gebraucht.

Verwendung

Zimt wird im Haushalt und in der Industrie zum Würzen von Backwaren, Süßspeisen, Kompotten und zum Aromatisieren von Kaugummi, Cola-Getränken und Likören verwendet. Es verlängert aufgrund seiner antibakteriellen Wirkung die Haltbarkeit von Fleischwaren wie z.B. Mettwurst und ist deshalb in vielen Gewürzmischungen für Wurst enthalten. Bei uns in Deutschland ist Zimt ein klassisches Glühweingewürz, in Indien eine bedeutende Komponente von Currymischungen und in China Bestandteil der Fünf-Gewürze-Mischung, mit der vorzugsweise Fleischcurrys und vegetarische Reisgerichte gewürzt werden.

Zimternte in Ceylon. *Darstellung aus der* Cosmographie universelle *von A. Thévet, Paris 1575. Der aus Tanger stammende Moslem Ibn Battuta (1304–1377/78), der »größte Weltreisende Araber des Mittelalters«, konnte bereits aus eigener Anschauung ein genaueres Bild der Gewürzländer liefern. Er erwähnte 1340 schon die Zimtwälder Ceylons. Photo: Bibliothèque Royale Albert Ier, Brüssel*

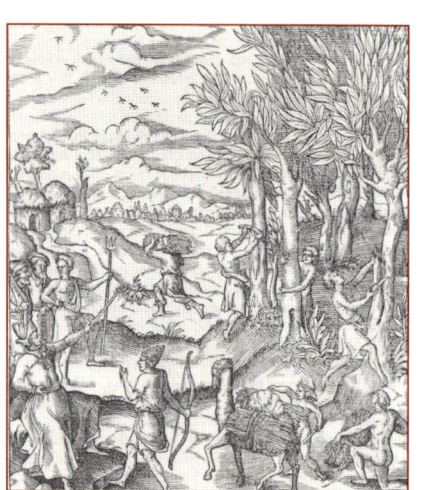

Kassia als Duftstoff im alten Ägypten

Kassiazimt ist eines der ältesten bekannten Gewürze, das vor allem im alten Ägypten hoch geschätzt war. Um an duftendes Material wie Aloe- und Sandelholz, Benzoe-Harz, Kassia, Spikenarde und andere aromatische Substanzen zu kommen, war den Ägyptern kein Weg zu weit und keine Gefahr zu groß. Sie verwendeten Kassiazimt, dessen Spuren sich im alten Ägypten bis in die Zeit um 1500 v. Chr. zurückverfolgen lassen, im Wesentlichen als Duftstoff und als Bestandteil von Räuchermischungen, allem Anschein nach aber nicht als Speisegewürz. *Kyphi,* eine berühmte, nach Plutarch aus 16 Ingredienzien zusammengesetzte altägyptische Räuchermischung, die für liturgische Zwecke in den Tempeln oder vor Götterbildern verwendet wurde, enthielt unter anderem auch Kassiazimt.

Dass den Ägyptern die aus Südchina stammende Kassia überhaupt zur Verfügung stand, weist auf die frühen Handelsbeziehungen zwischen Ägypten und Indien bzw. China hin. Offenbar gelangte die begehrte Ware auf dem Schiffs- und/oder Landwege nach Ägypten, wobei sich die Zwischenhändler, wenn man der Darstellung des griechischen Geschichtsschreibers Herodot (um 484 v. Chr.–430 v. Chr.) glaubt, die größte Mühe gaben, die wahre Herkunft des Zimts zu verschleiern: »Die Kassia also gewinnen die Araber auf diese Weise: Erst binden sie den ganzen Leib in Rinderfelle und andere Häute ein und auch das Gesicht, bis auf die Augen, und dann ziehen sie los nach der Kassia. Die wächst in einem See, der ist nicht sehr tief, aber um ihn und in ihm hausen geflügelte Tiere, am ehesten Fledermäusen vergleichbar, und die schwirren entsetzlich und sind äußerst angriffslustig. Die müssen sie abwehren von ihren Augen und so die Kassia pflücken. Das Zimtholz Kinamomon sammeln sie auf noch seltsamere Art. Wo es nämlich wächst und welches das Land ist, das es hervorbringt, das können sie nicht sagen. Nur dass manche sagen, und das ist gut möglich, es wachse in den Gegenden, wo Dionysos aufgezogen wurde. Große Vögel aber, sagen sie, bringen diese dürren Stängel, die wir Kinamomon nennen, wie wir's von den Phöniziern gelernt, die Vögel bringen sie also zu ihren Nestern, die aus Lehm sind und an steile Felsen angeklebt, wohin kein Mensch steigen kann. Hierfür hätten die Araber sich nun folgenden Trick ausgedacht: Rinder und Esel, die verendet sind, und anderes Vieh zerlegen sie in möglichst große Stücke und schaffen es in jene Gegend und legen es aus in der Nähe der Nester, und dann gehen sie weit weg. Die Vögel aber fliegen herab und holen die Säcke hoch zu den Nestern, die aber können das nicht tragen und brechen ab und fallen herunter, und sie kommen herzu und sammeln. Das so gesammelte

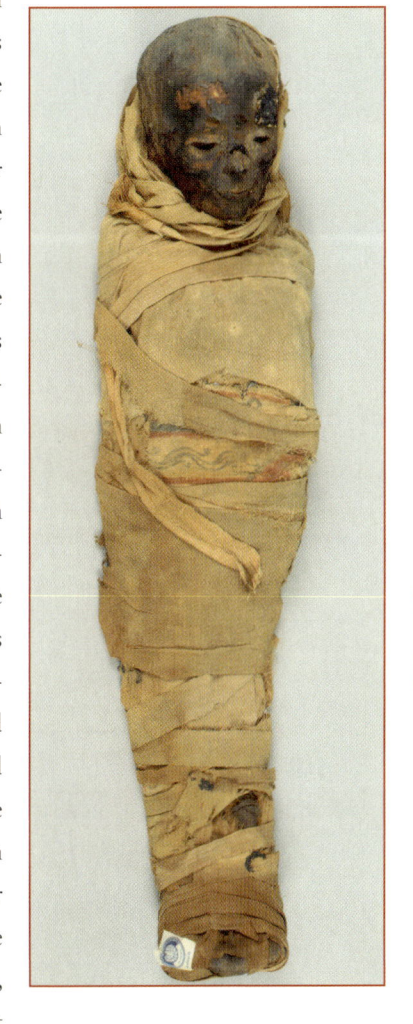

Mumie *eines mit vier bis fünf Jahren gestorbenen Kindes, Ägypten, römische Zeit (2./3. Jh. n. Chr.). Die Bauchhöhle der Mumien wurde üblicherweise mit Kassiazimt ausgestopft. Photo: Roemer und Pelizaeus-Museum, Hildesheim*

Zimt

Zimtholz kommt dann von diesen in die anderen Länder.« (Herodot, Geschichten und Geschichte III, 110–111).

Konservierungsmittel bei der Einbalsamierung

Duftstoffe waren ein wesentlicher Bestandteil des ägyptischen Totenkults. Bei der mit hoher Kunstfertigkeit und viel empirischem chemischem Wissen durchgeführten Einbalsamierung, einem Konservierungsverfahren, das garantieren sollte, dass der Körper unversehrt ins Jenseits gelangte, machte man sich unter anderem die antibakterielle Wirkung gewisser pflanzlicher Harze und Gewürze, darunter auch Zimt, zunutze. Die Technik der Mumifizierung entwickelte sich in mehreren Schritten. Anfangs wurde der Körper nur eng mit Leinenbinden umwickelt, die mit ätherischen Ölen, insbesondere Zedern- und Wacholderöl, Asphalt und Harzen getränkt waren. Diese antimikrobiell wirkenden Substanzen konservierten den Leichnam und überdeckten den Verwesungsgeruch mit angenehmen Düften. Erste Beispiele für diese Technik sind aus der 2. Dynastie (ca. 2950–2660 v. Chr.) bekannt. In einem weiteren Entwicklungsschritt wurden die Mumienbinden mit einer Gipsschicht überzogen und die Gesichtszüge des Toten nachmodelliert.

Durch die Einwicklung in mit aromatischen Salben und Harzen getränkten Leinenbinden war dem Verfall des Körpers aber nicht wirklich Einhalt geboten. Zwar blieb seine äußere Form vor allem aufgrund der in Gips getauchten Binden erhalten, der umwickelte Körper jedoch löste sich nach wie vor auf. Daher begann man wohl in der 4. Dynastie (ca. 2590–2470 v. Chr.) chemische Konservierungsmethoden anzuwenden, die im Prinzip bis ans Ende der altägyptischen Geschichte beibehalten wurden.

Der Körper der Toten wurde in die Einbalsamierungshalle gebracht, wo zuerst mit einem eisernen Haken das Gehirn durch die Nase entfernt wurde. Dann wurden durch einen Einschnitt auf der linken Seite des Bauchs sämtliche Eingeweide mit Ausnahme des Herzens und der Leber entfernt. Anschließend wurde der Körper mit gewürztem Palmwein gewaschen und mit aromatischen Gummiharzen und verschiedenen Gewürzsalben eingerieben. Zimt spielte beim Prozess der Einbalsamierung eine herausragende Rolle. Er wurde zusammen mit Myrrhe als Füllung für den Magen verwendet. Die Eingeweide wurden mit Natron behandelt, einer Mischung aus Natriumcarbonat (Soda), Natriumhydrogencarbonat (Bicarbonat), Kochsalz und Natriumsulfat (Glaubersalz), und in eigene Leinen-

Verkäufer von Kassiazimt. *Miniatur aus dem* Tractatus de herbis *des Dioskurides, 15. Jh. Photo: Biblioteca Estense, Modena*

bündel eingewickelt, die anfangs in so genannten Kanopenkrügen, später auch in der Körperhülle beigesetzt wurden. Der seiner inneren Organe mit Ausnahme von Herz und Leber beraubte Körper wurde von den Einbalsamierungspriestern schließlich mit Natron bedeckt, mit diversen Salben und Pomaden geschmeidig gemacht und etwa 35 Tage getrocknet. Um ein Einsinken des Körpers zu verhindern, wurde die Bauchhöhle mit Stoffen und organischen Materialien ausgestopft, zu denen eingetrocknete Harze und natürlicher Asphalt, aber auch Gewürze gehörten. Archäologen berichteten, dass eine Mumie aus der 20. Dynastie (1200–1085 v. Chr.) selbst nach über 3000 Jahren immer noch Gewürzduft ausströmte: »Die Mumie ist überall von einer dicken Gewürzschicht bedeckt ... Diese Schicht, die nirgends weniger als 2,5 Zentimeter dick ist und sich überall zwischen Haut und Bandagen befindet ... strömt immer noch einen schwachen Zimtduft aus ... Wenn einige Krümel dieser Gewürzmischung in Alkohol oder Wasser getan und schwach erwärmt werden, riecht es plötzlich überall sehr intensiv nach Myrrhe.«

Herstellung von Hypocras. *Miniatur aus einer Handschrift des* Tractatus de herbis *des Dioskurides, 15. Jh. Der Apotheker lässt gerade einen Gewürzwein durch ein Seihtuch laufen, um die darin schwimmenden Gewürze abzutrennen. Auf dem Tisch sieht man zwei Zuckerhüte, die zur Herstellung des Gewürzweins benötigt wurden. Photo: Biblioteca Estense, Modena*

Der biblische Wohlgeruch

Als Moses die Juden um 1240 v. Chr. aus ägyptischer Gefangenschaft führte, gelangte die hoch stehende Duftkultur der Ägypter mit dem Volk Israel nach Palästina. So finden sich im Alten Testament mehrfach Hinweise auf den frühen Gebrauch des Zimts, wobei auffällt, dass spätestens in dieser Zeit schon zwei Zimtarten, Kassiazimt und Ceylonzimt, bekannt waren und verwendet wurden. Jahwe, der Gott Israels, soll Moses folgende Anweisung zur Bereitung eines heiligen Salböls gegeben haben: »Nimm Dir die beste Spezerei: die edelste Myrrhe, 55 Lot, und Zimt, die Hälfte davon, 250, und Kalmus, auch 250 Lot und Kassia, 500 nach dem Gewicht des Heiligtums, und eine Kanne Olivenöl. Und mache daraus ein heiliges Salböl nach der Kunst des Salbenbereiters.« (2. Mose 30, 23–25). Der rituelle Gebrauch von Salbölen, die eine Vielzahl von Gewürzen, darunter auch Zimt, enthalten, lebt bis in unsere Zeit fort. Er ist besonders offenkundig in der orthodoxen Kirche, spielt aber auch im katholischen Ritus, z. B. bei Priesterweihen, nach wie vor eine wichtige Rolle.

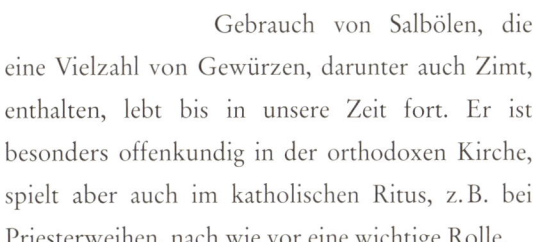

Zimt im alten Rom und im Mittelalter

Die antiken Schriftsteller wie Theophrast, Dioskurides und Plinius d. Ä. schilderten den medizinischen Nutzen des Zimts an mehreren Stellen. Dioskurides beschrieb allein fünf Kassia- und sieben Zimtarten als erwärmendes, erweichendes, harntreibendes,

Zimt

verdauungs- und menstruationsförderndes Mittel, ferner als Mittel gegen Husten, Katarrh, Schlangenbisse und Skorpionstiche. Leider lässt sich heute nicht mehr eindeutig bestimmen, welche Art er jeweils gemeint haben könnte. Generell lässt sich aber sagen, dass man im Mittelmeerraum bereits seit dem 4. Jh. v. Chr. beide Zimtarten, den Kassia- und den Ceylonzimt, kannte. Im alten Rom war Zimt als kostbares Gewürz und Heilmittel gleichermaßen begehrt, wenn auch auffällt, dass Zimtrinde in den Apicius-Rezepten nicht erwähnt wird. Dort werden lediglich Zimtblätter *(malabathrum)* zum Kochen verwendet.

Die Schwierigkeit, Kassia- und Ceylonzimt auseinander zu halten, hielt sich bis weit ins Mittelalter, und noch im frühen 19. Jahrhundert stritten sich die Botaniker über die tatsächliche Heimat der verschiedenen Zimtarten. Im Mittelalter war Zimt als Arzneimittel ähnlich beliebt wie in der Antike. Zimt war Bestandteil des Hypocras, eines als Genuss- und Heilmittels verabreichten, mit Zucker gesüßten Gewürzweines, der unter anderem auch mit Gewürznelken aromatisiert war und er war wichtigster Bestandteil aller Lebkuchengewürze, zumindest in Kontinentaleuropa. Diese Einschränkung muss gemacht werden, denn in England war und ist, wie das Wort »gingerbread« zeigt, nicht Zimt, sondern Ingwer das seit 800 Jahren dominierende Lebkuchengewürz.

Lebkuchen

Im kontinentalen Europa nördlich der Alpen ist eine ganze Bandbreite von unterschiedlichen Lebkuchenspezialitäten bekannt. Ihr Verbreitungsgebiet reicht vom flämisch-niederländischen Raum über Deutschland, die Schweiz, Österreich bis nach Schlesien. Die stark gewürzten Kuchen sind in all jenen europäischen

◀ **Ladenschild eines Lebzelters,** *Wachsziehers und Metsieders, um 1760. Das Warenangebot dieser zumeist miteinander gekoppelten Gewerbe bestand aus Lebkuchenspezialitäten, Honigwein, wächsernen Votivgaben sowie Holzmodeln für Bildlebkuchen. Deren Muster standen dem Kunden für Sonderanfertigungen besonderer Lebkuchen zur Verfügung. Photo: Bayerisches Nationalmuseum, München*

▲ **Der »Bruder Lebküchner«** *beim Backen eines Bildlebkuchens. Aus dem* Hausbuch der Landauerschen Zwölfbrüderstiftung, *Nürnberg 16. Jh. Photo: Stadtbibliothek, Nürnberg*

Ländern zu finden, die die mittelalterlichen Esstraditionen, d.h. die großzügige Verwendung von vielen verschiedenen Gewürzen, lange beibehielten. In Ländern wie Frankreich, die sich radikaler als andere Mitteleuropäer von alten Esstraditionen abwandten, sind Lebkuchen *(pain d'épice)* dagegen weit weniger bekannt und beliebt als bei uns im deutschen Sprachraum.

Gewürzte Lebkuchen sind Weiterentwicklungen der bereits bei den alten Ägyptern, Griechen und Römern bekannten Honiggebäcke. Das kalorienreiche, gut haltbare Dauergebäck wurde den Soldaten in den Kampf mitgegeben, diente den Seeleuten als Proviant und wurde den Göttern an besonderen Jahrestagen geopfert. Diese kultischen Opferkuchen sind Vorläufer unserer Festtagskuchen bzw. jener Honigkuchenspezialitäten, die es bis heute nur zu bestimmten Gelegenheiten gibt: auf Volksfesten, Jahrmärkten und an Weihnachten. Die deutsche Tradition, Lebkuchen ausgerechnet an Weihnachten zu verzehren, hängt damit zusammen, dass das christliche Weihnachtsfest im 3. Jahrhundert einem zeitgleich begangenen heidnischen Fest gegenübergestellt wurde. Es löste das ältere Fest, zu dessen Gestaltung wahrscheinlich Honigkuchen gehörten, unter weitgehender Beibehaltung der alten Bräuche schließlich ab.

Dank des Römischen Reiches, in dessen Esskultur Honiggebäcke gut bekannt waren, gelangten die Kenntnisse der Honigkuchenherstellung in viele europäische Länder und wurden dort im Mittelalter insbesondere durch die Klöster tradiert und weiterentwickelt. Einfache Pfefferkuchen wurden den Mönchen bzw. Nonnen als Beigabe zum Vespertrunk, d.h. zu Bier oder Wein, gereicht. Die wichtige Rolle der Klöster in der Geschichte des Lebkuchens erklärt sich dadurch, dass alle für die Honigkuchenbäckerei erforderlichen Zutaten im Mittelalter zum gängigen Arzneimittelschatz einer Klosterapotheke gehörten und damit auch den Klosterküchen in hinreichender Menge zur Verfügung standen. Alle in einem Lebkuchen verwendeten Gewürze – üblicherweise Anis, Ingwer, Kardamom, Koriander, Macis, Nelken, Orangeat, Piment und Zimt – wirken über ihren Gehalt an ätherischen Ölen auf den menschlichen Körper und haben verdauungsfördernde Wirkung.

Die Voraussetzungen, an die teuren Importgewürze zu gelangen, waren für die Klöster mit ihren weit reichenden Handelsbeziehungen im Mittelalter äußerst günstig. Gute Zugriffsmöglichkeiten hatten auch jene Städte, die – wie Nürnberg – an der

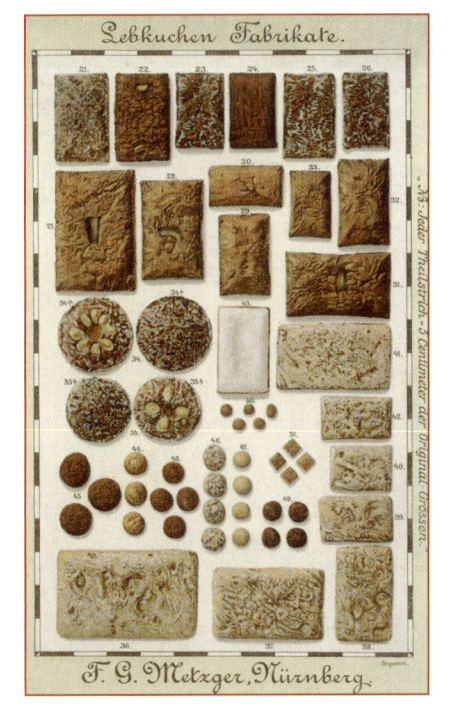

Rund hundert Jahre *alte Reklametafel mit Lebkuchenfabrikaten der alteingesessenen Nürnberger Firma F. G. Metzger, die schon um 1840 eine Dampfmaschine zur industriellen Herstellung von Lebkuchen einsetzte. Photo: Germanisches Nationalmuseum, Nürnberg*

Zimt

Schnittstelle großer Handelsstraßen lagen und mit der Zeit zu einem zentralen Umschlagplatz für alle möglichen Waren, unter anderem Gewürze, geworden waren. Mit der Entwicklung der Stadtkultur verlagerte sich die Herstellung der Lebkuchen von den Klöstern in die Städte, wo Gewürzkrämer und Laienapotheker die benötigten Ingredienzien verkauften.

Bisamapfel und Pomander

Zimt spielte in der Duftkultur des Mittelalters eine große Rolle. So war Zimt meist in Pomandern enthalten, spätmittelalterlichen Gefäßen in der Form eines Apfels, die mit einer harzartigen, fest bis salbenartig zubereiteten Duftstoffmasse gefüllt waren. Deren Duft drang durch die kunstvoll durchbrochene Wölbung des Apfels nach außen. Das Gefäß wurde als »pomum ambrae« bezeichnet, das sich zum heute noch verwendeten Synonym »Pomander« abschliff. Daraus wiederum entwickelte sich das Wort »Pomade«, eine während der Renaissance zur Haarpflege benutzte, feste oder salbenartige Mischung aus Fetten, Wachsen und Harzen, deren Riechstoffe aus gekochten Äpfeln, Nelken und Zimt bereitet wurden. Weitere, häufig verwendete Gewürze waren Safran, Rosmarin und Lavendel. Neben pflanzlichen konnten aber auch tierische Duftstoffe in der Duftmasse enthalten sein, ganz besonders Bisam oder Moschus, das salbenartige Brunftsekret des in Ostindien heimischen hirschähnlichen Moschustieres. Die gleichfalls gebräuchliche Bezeichnung »Bisamapfel« für einen Pomander zeigt die Bedeutung der tierischen Duftstoffe.

Um der Vielzahl der Duftmassen-Rezepturen gerecht zu werden, besaßen manche Bisamäpfel mehrere Unterteilungen oder apfelschnitzartig ausklappbare Einzelfächer. Diese wurden in Abhängigkeit von Jahreszeit, Wochentag oder persönlichem Befinden des Trägers jeweils mit verschiedenen Duftmassen gefüllt. Besonders während der großen Pestepide-

◀ **Heinrich Blarer** *(1460) mit Pomander in der Hand, Gemälde von H. Murer d. Ä. Die Darstellung zeigt, dass das Tragen prachtvoll gearbeiteter Pomander für Patrizier dieser Zeit durchaus gängig war. Photo: Rosgartenmuseum, Konstanz*

▲ **Verschiedene Pomander,** *Riech- oder Bisamäpfel. Photo: Deutsches Museum, München*

mien diente das Tragen eines mit speziellen Mischungen gefüllten Pomanders als Infektionsprophylaxe. Die Entwicklung der Medizin und Pharmazie drängte den Gebrauch des Bisamapfels als Heilmittel schließlich völlig zurück. Flüssige, in Flakons aufbewahrte Parfüms ersetzten den Duftapfel und sein Behältnis. Stilisiert und miniaturisiert lebt die alte Form des Bisamapfels aber auch heute noch fort, z. B. als Ohrschmuck.

Die Zimtinsel Ceylon

In der Antike und im Mittelalter in Europa verwendete man im Wesentlichen den in China heimischen Kassiazimt. Erst im Zuge der portugiesischen Entdeckungsreisen wurde im 16. Jahrhundert zunehmend auch der Ceylonzimt bekannt, der vorher nur selten nach Europa gelangt war. Als die Niederländer die Portugiesen als europäische Macht in Ceylon ablösten, drosselten und kontingentierten sie die Produktion des Zimts ähnlich rigide wie sie dies im Falle der Gewürznelken und Muskatnüsse auf den Molukken handhabten.

Der Raubbau an den Zimtbäumen nahm unter der Herrschaft der niederländischen »Verenigde Oost-Indische Compagnie« (VOC) teilweise verheerende Ausmaße an, da diese die Eingeborenen zu größeren Zimtlieferungen verpflichtete, als es den in viel zu häufigen Abständen geschälten Bäumen zuträglich war. Eine Erschöpfung der wilden Zimtvorkommen war deshalb vorauszusehen. Um dieser fatalen Folge zuvorzukommen, suchten die Niederländer nach einer Möglichkeit, Zimt in Plantagen zu kultivieren. Das gelang ihnen 1760 tatsächlich. Seitdem kann der zuvor nur wild vorkommende Baum in Strauchform gebracht und in künstlich angelegten Zimtgärten angepflanzt werden.

Als die Niederländer Ceylon 1796 den bereits das festländische Indien beherrschenden Briten überlassen mussten, war es ihnen dank dieses gärtnerischen Erfolges möglich, Zimt fortan auch in Niederländisch-Indonesien anzupflanzen. Im Vertrag von Amiens (1802) wurde Ceylon, das seit 1948 unabhängig ist und seit 1972 Sri Lanka heißt, formal britische Kronkolonie. Die Engländer führten den Anbau neuer Nutzpflanzen ein, unter anderem den Teeanbau, den man heute sogar eher mit dem Namen des Landes assoziiert als den von Zimt. In der Tat hatte Ceylon mit der Verpflanzung der Zimtkultur nach Indonesien auf immer seinen einstigen Monopolcharakter als Zimtinsel eingebüßt. Heute ist Indonesien ein wichtiger Exporteur von Zimt und liefert 75 Prozent seiner Ernte in die USA.

Karte der Zimtinsel *Ceylon aus dem Mercator-Atlas, Amsterdam 1633. Die Zimtbäume wuchsen und wachsen vor allem im Südwesten der Insel. Im Landesinneren, vor allem in der Region um Candy, gedieh außerdem Kardamom. Die Europäer waren, wie die Karte zeigt, offensichtlich davon beeindruckt, dass man in Ceylon auf dem Rücken von Elefanten auf Jagd gehen konnte. Photo: Bibliothèque Royale Albert Ier, Brüssel*

▶ **Das Schälen** der Zimtrinde ist ein aufwändiger Vorgang. Beim Abschälen der äußeren Rinde, die in einem Stück entfernt werden muss, darf die darunter liegende Schicht des Baumes auf keinen Fall verletzt werden. Photo: Teubner Foodstudio, Füssen

▲ **Vier Jahre alte Zimtbäume** in Indonesien. Der in der Mitte sichtbare ältere Baum ist durch unsachgemäßes Schälen schwer verletzt worden. Photo: Königliches Tropeninstitut, Amsterdam

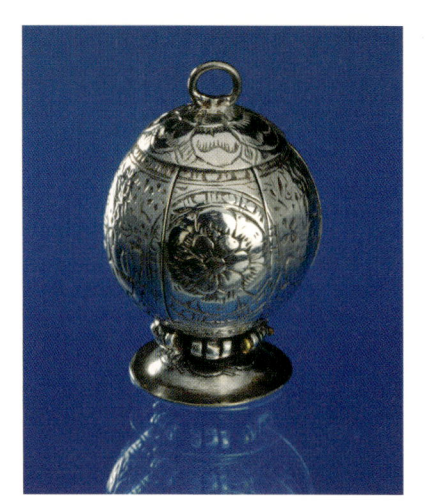

Pomander mit sechs apfelschnitzartigen Fächern für verschiedene Duftmassen. Auf dem vorne rechts ausgekappten Fach kann man die Aufschrift »Caneel« (Zimt) lesen, auf dem vorne links ist das Wort »Muschaten« (Muskatnuss) eingraviert. Photo: Schwarzkopf & Henkel, Hamburg

◄ **Schälen der Zimtrinde** mit den typischen gekrümmten Messern, dem Werkzeug der Zimtschäler. Photo: Teubner Foodstudio, Füssen

▲ **Die langen Bündel** von Ceylonzimt werden mit einer Bandsäge entweder schon im Erzeugerland oder erst in den europäischen Gewürzmühlen zu kürzeren, etwa fingerlangen Zimtstangen zusammengeschnitten. Aus den dabei anfallenden Schneideresten wird Zimtöl gewonnen. Photo: Teubner Foodstudio, Füssen

◄ **Waschen** der Kassiazimtrinden, um sie von Flechten, Schmutz, und anderen anhängenden Verunreinigungen zu befreien. Photo: Teubner Foodstudio, Füssen

Heil- und Gewürzpflanzen aus der
Familie der Ingwergewächse

Ingwer

Die Familie der Ingwergewächse *(Zingiberaceae)* ist, ähnlich wie bei uns die Dolden- oder Lippenblütler, eine jener Pflanzenfamilien, die außergewöhnlich reich an Gewürzpflanzen sind. Ingwergewächse sind rein tropisch verbreitet, stammen ursprünglich fast ausschließlich aus dem südostasiatischen Raum – eine Ausnahme stellen die in Westafrika heimischen Paradieskörner dar – und werden in Südostasien seit Jahrtausenden als Arzneimittel und Gewürz geschätzt. In der asiatischen und orientalischen Küche sind Gewürze aus der Familie der Ingwergewächse unverzichtbar.

Bei uns wird aus dieser großen Pflanzenfamilie, die man in 49 Gattungen mit ca. 1300 Arten einteilt, lediglich der Ingwer häufiger angeboten, seit einigen Jahren zunehmend auch frisch. Die übrigen Pflanzen kennen wir üblicherweise nur in getrockneter Form oder als Bestandteil von Gewürzmischungen, beispielsweise von Currypulver. Nur gut sortierte Asienläden führen sie. Ingwer ist ein in Deutschland bisher wenig gebräuchliches Gewürz. In England, den Niederlanden und in Skandinavien sieht die Situation völlig anders aus. Dort hat die Bevölkerung aufgrund der spezifischen Kolonialgeschichte dieser Länder bzw. ihrer langen Seefahrertradition eine große Vorliebe für Ingwer und andere Mitglieder der Ingwergewächse entwickelt.

◄◄◄ **Typische geweihartige** Form eines Ingwerrhizoms. Photo: Teubner Foodstudio, Füssen
◄◄ **Gebrühte und getrocknete** Rhizome der Gelbwurzel, ganz und gemahlen. Photo: Teubner Foodstudio, Füssen
◄ **Frische und getrocknete Fruchtkapseln** der Kardamomstaude. Die Pflanze gehört zur den Ingwergewächsen und wird auf Sri Lanka, in Indien, Guatemala und Tansania kultiviert. Photo: Teubner Foodstudio, Füssen

Pflanzen aus der Familie der Ingwergewächse sind einheitlich gebaut und an ihrem Habitus leicht zu erkennen. Aus einem kräftigen Wurzelstock (Rhizom) wachsen längliche, große, schilfartige Blätter. Die zum Teil prächtigen Blüten besitzen nur ein fruchtbares Staubblatt, während zwei weitere Staubblätter zu einer Art Lippe verwachsen sind. Typisch für die Gewürze aus der Familie der Ingwergewächse ist ihr feiner, aromatischer Duft sowie ein Geschmack, der von brennend-scharf über feurig-würzig bis aromatisch-bitter reicht.

Drei Ingwergewächse haben heute in Europa Bedeutung als Gewürz:
▶ Ingwer *(Zingiber officinale)*
▶ Gelbwurz / Safranwurz / Curcuma *(Curcuma longa)*
▶ Kardamom *(Elettaria cardamomum)*

Im Mittelalter spielten in Europa drei weitere, heute allerdings kaum mehr bekannte Ingwergewächse als Heilmittel und Gewürz eine große Rolle. Sie wurden im 9. Jahrhundert durch arabische Ärzte nach Europa eingeführt, waren zeitweise so beliebt, dass sie in keinem Kochbuch des Mittelalters fehlten, gerieten dann aber aus noch ungeklärten Gründen weitgehend in Vergessenheit und sind es bis heute geblieben. Lediglich eines davon, der ursprünglich aus China stammende Galgant, ist gelegentlich noch Bestandteil der so genannten Schwedenkräuter, mit denen man magenstärkende Bitterliköre aromatisiert:
▶ Zitwer *(Curcuma zedoaria)*
▶ Paradieskörner / Afrikanischer Pfeffer *(Aframomum melegueta)*
▶ Echter Galgant / Kleiner Galgant / Siam-Ingwer / Milder Ingwer *(Alpinia officinarum)*

Ingwer

In der südostasiatischen Küche sind noch andere Gewürze aus dieser großen Pflanzenfamilie wichtig, wobei folgende besonders hervorzuheben sind:
▶ Großer Galgant / Thai-Ingwer / Java-Galgant *(Alpinia galanga)*
▶ Finger-Ingwer / Kentjoer / Chinesischer Galgant *(Kaempferia galanga)*

Meistens sind die typischen Aroma- und Scharfstoffe der Ingwergewächse ausschließlich im Rhizom, der verdickten, zur Stoffspeicherung dienenden, unterirdisch wachsenden Sprossachse, und nicht in anderen Pflanzenteilen enthalten. Die Ingwergewächse stellen typischerweise also Rhizomgewürze. Es gibt allerdings zwei Ausnahmen: Beim Kardamom und bei den Paradieskörnern sind die Samen die Träger der Aromastoffe, so dass in diesen beiden Fällen die Fruchtkapseln als Gewürz geerntet werden.

Ingwer

Ingwer *(Zingiber officinale)* ist das bekannteste Gewürz aus der Familie der Ingwergewächse. Da er in vielerlei Hinsicht als Leitpflanze für alle Mitglieder dieser Pflanzenfamilie dienen kann, wird er hier relativ ausführlich vorgestellt.

Ingwer ist das getrocknete oder frische, stärkereiche Rhizom einer schilfartigen, mit gelb-purpurfarbenen Blüten blühenden Staude, die ursprünglich in Südostasien beheimatet war. Der Name »Zingiber«, von dem sich unser Wort »Ingwer« ableitet, wird auf das Sanskrit-Wort »sringavera« zurückgeführt, das »mit Geweihsprossen versehen« bedeutet und das Aussehen des Rhizoms sehr anschaulich beschreibt. Die Pflanze ist Schatten liebend und wird meist im Unterwuchs von Bäumen kultiviert. Sie wird durch Rhizomteilung, also vegetativ vermehrt. Die sich verzweigenden Stücke des Rhi-

Das gemahlene Rhizom *der aus Südchina stammenden Gewürz- und Medizinalpflanze Großer Galgant (Alpinia galanga) ist bei uns als Gewürz eher unbekannt. In der malaiischen und indonesischen Küche gehört es aber zu den meistverwendeten Gewürzen. Das indonesische Reisgericht Nasi Goreng ist ohne Galgant undenkbar. Das Rhizom enthält ätherisches Öl und ein komplexes Gemisch verschiedener Scharfstoffe. Galgant wird bei Appetitlosigkeit und Magenschwäche gegeben und ist Bestandteil verschiedener Curryrezepturen. Photo: Deutsches Museum, München*

zoms, auch *hands* genannt, werden acht bis zehn Monate nach dem Aussetzen geerntet und getrocknet. In diesem Zustand besitzen sie noch eine dunkelgrüne oder braune Außenhaut, die vorsichtig abgeschält wird. Nach der Trocknung erhält man den hellen handelsüblichen Ingwer, der zusätzlich häufig noch mit Kalk gebleicht wird.

Nicht nur würzig, sondern auch gesund

Ingwer enthält in dicht unter der Außenhaut gelegenen Sekretzellen durchschnittlich 0,6 bis 3,3 Prozent ätherisches Öl von schwach gelber Farbe. Es wird durch Wasserdampfdestillation aus getrocknetem, grob gemahlenem Ingwer gewonnen und hauptsächlich in der Getränke-, Süßwaren- und Parfümindustrie verwendet, hier vor allem zur Herstellung von Rasierwässern. Es enthält als Hauptkomponente 60 Prozent Zingiberen sowie ein scharf schmeckendes Harzgemisch, dessen wichtigste Komponenten die Scharfstoffe Gingerol und Shogaol sind (der Name der letztgenannten Verbindung leitet sich von *shoga* ab, dem japanischen Wort für Ingwer).

In Indien, China und Japan wurde Ingwer von jeher als verdauungsförderndes und blähungstreibendes Mittel eingesetzt. Diese Indikationen wurden zusammen mit der Droge von der europäischen Volksmedizin übernommen. Die traditionellen Anwendungen konnten in den letzten Jahren durch zahlreiche pharmakologische Untersuchungen begründet und bestätigt werden. Ingwer ist, wie Untersuchungen jüngst zeigten, aufgrund seines Gehaltes an ätherischem Öl und dessen spezifischer Zusammensetzung völlig zu Recht in zahlreichen wichtigen Arzneibüchern als Mittel aufgeführt, das Verdauungsbeschwerden und Symptome der Reise- und Seekrankheit lindern kann. Man vermutet, dass die Scharfstoffe des Ingwers die Speichel- und Magensaftsekretion reflektorisch steigern können.

Kühlende Getränke mit Ingwerzusatz

Ingwer ist neben Hopfen eines der wenigen Gewürze, die in großem Maßstab in Getränken verwendet werden. In angelsächsischen Ländern ist Ginger Beer (trüb) und Ginger Ale (klar) äußerst beliebt. Den Brauch, Getränke mit Ingwer zu aromatisieren, lernten die Engländer während ihrer Kolonialzeit in Indien kennen und führten die ihnen lieb gewordene Sitte schließlich auch in ihrer Heimat ein. Im heißen Indien war es durchaus sinnvoll, den transpirationsfördernd und damit kühlend wirkenden Ingwer als Getränkezusatz zu verwenden. Diese nützliche physiologische Wirkung war und ist in heißen Ländern nicht nur in Getränken erwünscht. So ist es nur logisch, dass gerade scharfstoffhaltige Gewürze wie Ingwer, Chili und Pfeffer unverzichtbare Bestandteile des indischen Currypulvers sind, eines kulinarischen, aus der indischen Kolonialzeit stammenden Vermächtnisses der Engländer. Ingwer ist auch in vielen europäischen Wurstgewürz- und Lebkuchenmischungen enthalten. Es ist also eines jener Gewürze, die sich zum Würzen von Fleischgerichten und Süßspeisen gleichermaßen eignen.

In der Antike vorzugsweise Duftstoff

Ingwer gelangte schon lange vor dem 7. Jh. v. Chr. über arabische Zwischenhändler in den Mittelmeerraum. Im alten Rom gehörte er neben den indischen Gewürzen Pfeffer, Kardamom und Zimt sowie den Molukkengewürzen Nelken und Muskatnuss zu den klassischen Importprodukten aus dem asiatischen Raum. Während er seit den ältesten Zeiten in Indien und China als wertvolles Arzneimittel hoch

Ingwer

geschätzt wurde, scheint er in der antiken Medizin keine große Bedeutung gehabt zu haben. Dem griechischen Arzt Galen war er als Heilmittel mit heißen und trockenen Eigenschaften allerdings gut bekannt. Nach Dioskurides wurde Ingwer vorzugsweise als Duftstoff benutzt und als solcher zu Parfümen und Salben verarbeitet. Die Apicius-Rezepte zeigen, dass er zumindest in der gehobenen römischen Küche häufig als Gewürz in Speisen und Getränken verwendet wurde.

Im Mittelalter: Rang zwei nach Pfeffer

Während des Mittelalters war Ingwer in Mitteleuropa fast genauso beliebt wie Pfeffer. Wie alle aromatisch duftenden Pflanzen galt er als Aphrodisiakum. Medizinisch wurde er bei den verschiedensten Verdauungsbeschwerden wie Blähungen, Verstopfung, Magenkrämpfen und Leberleiden, aber auch bei Halsgeschwüren und Augentrübung empfohlen. Er war unverzichtbarer Bestandteil der »Sauce Cameline«, einer jener typisch mittelalterlichen dickflüssigen Tunken, die mit dem am Spieß oder auf dem Rost gebratenen Fleisch auf den Tisch kamen und zu deren Bereitung reichlich Gewürze und Säuerungsmittel wie Essig, saurer Wein oder unreife Weintrauben verwendet wurden. Zu Beginn des 15. Jahrhunderts liest sich ein typisches Rezept dieser Tunke folgendermaßen: »Nehmt entsprechend der Saucenmenge, die Ihr bereiten wollt, Weißbrot und röstet es über dem Feuer bis es dunkel ist. Ihr braucht Klarettwein bester Qualität sowie reichlich Essig, worin das Brot geweicht wird. Nehmt Eure Gewürze, nämlich Zimt, Ingwer, Paradieskörner, Gewürznelken, etwas Pfeffer, Muskatblüte und Muskatnuss, sowie etwas Zucker; vermischt all dies mit dem Brot und schmeckt mit einer Prise Salz ab.« Ingwer war

◄ **Ein indischer Gewürzmischer** *kann riechen, ob sein Masala und Curry die einzelnen Gewürze in den richtigen Mengenanteilen enthält. Photo: Teubner Foodstudio, Füssen*

▲ **Zubereitung** *einer scharfen Currysauce. Photo: Teubner Foodstudio, Füssen*

darüber hinaus in verschiedenen, ursprünglich aus der Apotheke stammenden Anwendungsformen bekannt, unter anderem kandiert oder als Latwerge. Letzteres war eine apothekenübliche honig- oder zuckerhaltige, musartige Konservierungsform pflanzlicher Drogen, an die heute noch unsere Quittenpaste erinnert. Auch unsere kandierten, schokoladenüberzogenen Ingwerstäbchen sind ein Relikt der altehrwürdigen Apothekerkonfekte. Im Mittelalter wurde Ingwer zum unverzichtbaren Bestandteil von Lebkuchengewürz- und Backmischungen und ist dies bis heute geblieben.

Schneller Transfer in die Neue Welt

Obwohl die Spanier dank Kolumbus und Cortez drei typisch amerikanische, bis 1492 in Europa unbekannte Gewürze, nämlich Chili, Vanille und Piment, entdeckt hatten, blieben sie darauf fixiert, eigene Bezugsquellen für die seit der Antike bekannten asiatischen Gewürze zu besitzen. Das war von Anfang an eines der wichtigsten Ziele aller spanischer Entdeckungsreisen gewesen. Da das neu entdeckte Amerika die eigentlich gesuchten Gewürz-Spezies offenkundig nicht zu bieten hatte, brachten die Spanier im 16. Jahrhundert kurzerhand Ingwerrhizome, eine im damaligen Europa gängige Handelsware, auf die von Kolumbus entdeckten Westindischen Inseln und begannen dort mit dem Ingweranbau. Angeblich sollen schon 1547 aus Jamaika 22 000 Zentner Ingwer nach Europa exportiert worden sein. Dass Ingwer neben Zuckerrohr als eine der ersten Pflanzen der Alten Welt (beide Pflanzen waren ursprünglich asiatischer Herkunft) nach Amerika gelangte, ist ein Beweis für seine damals außerordentlich hohe Wertschätzung.

In der folgenden Zeit traten weitere ursprünglich asiatische Gewürze ihren Weg in die spanisch beherrschte Neue Welt an. Seitdem wird Kardamom in Guatemala angebaut, Curcuma auf Haiti und Jamaika und Pfeffer auf den Westindischen Inseln.

Im Laufe der Jahrhunderte wurde der ursprünglich asiatische Ingwer vom Menschen in fast alle tropischen Gebiete der Erde gebracht, sofern Klimakonditionen und Bodenqualität geeignet waren. Er wird heute in vielen geschmacklich und qualitativ verschiedenen Sorten kultiviert. Sie unterscheiden sich in ihrem Gehalt an ätherischem Ingweröl und dessen prozentualer Zusammensetzung. Hauptproduktionsländer sind Indien, China, Westmalaysia,

Stillleben mit Ingwertopf *aus der Ming-Dynastie, 1669, von Willem Kalf (1619–1693). Der Ingwertopf, ein bauchiges Deckelgefäß, in dem die kandierten Ingwerstücke nicht austrocknen konnten, wurde erst kurz vor Entstehung des Bildes importiert. Seinem Dekor nach entstand er in der Zeit zwischen 1644 und 1662. Kandierter Ingwer war damals ein begehrtes Handelsobjekt. Er wurde vorzugsweise medizinisch verwendet. Photo: Indianapolis Museum of Art, Indianapolis*

Ingwer

Taiwan, Jamaika und Westafrika (Nigeria, Sierra Leone). Nach dem Zweiten Weltkrieg ist als neuer Ingwer-Produzent Australien hinzugekommen.

Jamaika-Ingwer gilt als die beste, wegen ihres feinen, zitronenähnlichen Beigeschmacks sehr geschätzte Qualität. Schlusslicht der Qualitätsskala ist westafrikanischer Ingwer. Da er jedoch am meisten ätherisches Öl enthält und die schärfste Sorte ist, wird er häufig in der Fleisch verarbeitenden Industrie eingesetzt. China-Ingwer wird gerne zur Herstellung von kandiertem Ingwer verwendet. Hauptverbraucher von Ingwer sind neben den Anbauländern selbst vor allem Großbritannien, Skandinavien, die arabischen Länder und die USA.

Curcuma (Gelbwurzel)

Die Heimat der Curcuma ist der südostasiatische Raum von Indien bis China. Dort wird sie auch heute noch überwiegend angebaut: Hauptproduzent ist Indien, das 80 Prozent der Curcuma-Ernten stellt, weitere Produktionsländer sind Vietnam, Südchina, Pakistan, Sri Lanka, Taiwan, Thailand, Indonesien, die Westindischen Inseln und Peru. Hauptimportländer sind der Iran und die arabischen Länder, Japan und die USA, während die Bundesrepublik vergleichsweise unbedeutende Mengen importiert. England ist das europäische Land, das zwecks Herstellung von Currypulver und Worcestersauce am meisten Curcuma einführt.

Ähnlich multifunktionell wie Safran

Curcuma war einstmals eine pflanzliche Droge, die sehr vielseitig genutzt wurde. Ähnlich wie Safran war sie Textilfarbstoff, Arzneimittel, Gewürz und sogar Nahrungspflanze in einem. Verwendet werden die walzenförmigen Haupt- oder Nebenrhizome der Pflanze, die im Gegensatz zu anderen Drogen aus der Familie der Ingwergewächse nicht nur gebrüht, sondern für 45 bis 60 Minuten gekocht werden müssen, damit die im Rhizom mit 30 bis 40 Prozent vorhandene Stärke weitgehend verkleistert und

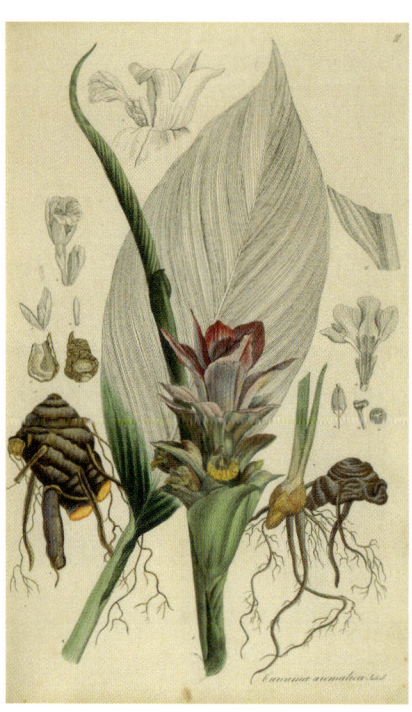

Das eigenartig gebaute, *reich verzweigte Rhizom der Curcuma besteht aus zweierlei Abschnitten: der eirunden bis birnenförmigen Hauptachse, die durch Blattnarben quer geringelt ist, und den walzenförmigen, längsrunzligen, fingerförmigen Seitentrieben. Photo: Deutsches Museum, München*

die Wurzelstöcke während der Trocknung nicht mehr austreiben können. Beim Kochen treten die intensiv gelb leuchtenden Farbstoffe aus den Exkretzellen aus und färben die Rhizome gleichmäßig an. Sie werden fünf bis sieben Tage an der Sonne getrocknet und anschließend geschält. Aufgrund ihres hohen Stärkegehaltes ist Curcuma auch ein Nahrungsmittel, aus dem, wie beim verwandten Zitwer, ein feines Stärkemehl gewonnen wird, das als Bombay-, Malabar- oder Ostindisches Arrowroot in den Handel kommt.

Die für die Verwendung als Gewürz bzw. Arzneimittel interessanten Inhaltsstoffe sind einmal die im Curcuma-Rhizom enthaltenen gelben Farbstoffe, die so genannten Curcuminoide, sowie das ätherische Öl, das zu zwei bis fünf Prozent in den getrockneten Rhizomen vorkommt. Es riecht ingwerähnlich und bedingt den brennend-scharfen, leicht bitteren Geschmack sowie die nachgewiesenen medizinischen Eigenschaften der Gelbwurzel. Curcuma-Öl wird gelegentlich in der Parfümerie und zur geschmacklichen Abrundung von Magenbittern verwendet.

Wirksam bei Verdauungsbeschwerden

Gelbwurz wird seit etwa 5000 Jahren medizinisch-pharmazeutisch verwendet. Sie wird in Indien vorwiegend bei Erkrankungen im Magen-Leber-Galle-Bereich eingesetzt, daneben aber auch äußerlich, unter anderem bei Prellungen, Blutsaugerbissen, Hauterkrankungen und eiternden Augenentzün-

Gelbwurz enthält ungiftige gelbe Farbstoffe, die im Leben der Inder unter anderem bei verschiedenen Riten eine Rolle spielten und spielen, hier z.B. zur rituellen Reinigung vor einer Hochzeit. Photo: Birgit Breitkopf, München

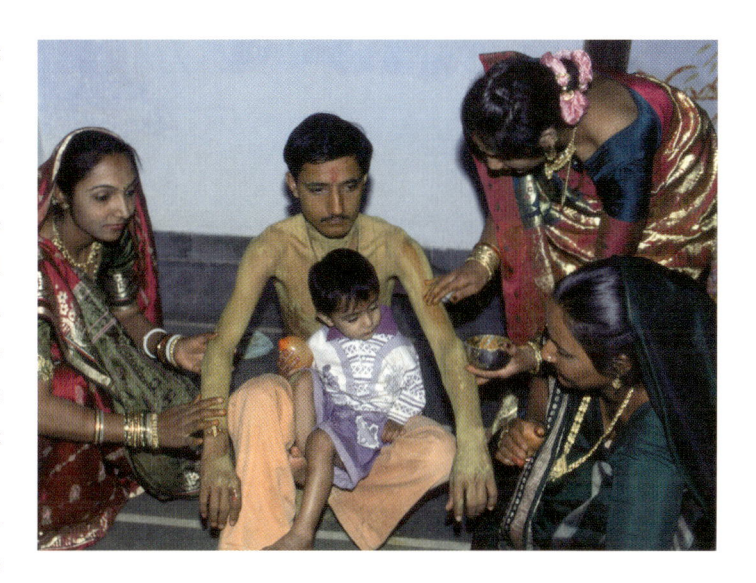

dungen verwendet. In Europa sind Gelbwurzarten als Leber- und Gallenblasenmittel seit der Antike bekannt. Inzwischen weiß man, dass die Inhaltsstoffe der Curcuma die Bildung und Ausschüttung von Gallensaft steigern und damit die Fettverdauung fördern. Außerdem wirken sie entzündungshemmend und antibakteriell. Dadurch ist Curcuma ein empfehlenswertes Gewürz für alle, die unter funktionellen Störungen des Leber-Gallen-Systems leiden, besonders aber unter chronischer Gallenblasenentzündung. Nach überstandener Hepatitis oder Malaria ist mit Curcuma gewürztes Essen besonders sinnvoll.

Alter Textil- und Lebensmittelfarbstoff

Curcuma enthält ein Gemisch dreier chemisch sehr ähnlicher Farbstoffe. Deren wichtigster ist Curcumin, das 60 Prozent dieses Farbstoffgemisches ausmacht. Curcumin ist ein zugelassener natürlicher Lebensmittelfarbstoff, der sich hinter dem Kürzel E 100 verbirgt und heute aus Rhizomen von *Curcuma longa* technisch gewonnen wird. Er färbt Speisen appetitlich gelb und wird industriell immer dann

Ingwer

zum Färben von Lebensmitteln verwendet, wenn gleichzeitig Schärfe erwünscht ist, z. B. bei der Fabrikation von Käse, herzhaftem Gebäck und Likören. Auch Tafelsenf und alle Currypulver haben ihre kräftig gelbe Farbe letztlich den Curcuma-Farbstoffen zu verdanken. Sie werden aber auch in der Kosmetikindustrie als Farbstoff für Puder und Cremes eingesetzt.

Curcuma wurde in Südostasien als intensiver, lichtechter, grünlich-gelber Textilfarbstoff für Baumwolle, Wolle und Seide benutzt und ersetzte in dieser Funktion vielfach den extrem teuren Safran. Auf diese Verwendungsart deutet auch der Name »Curcuma« hin, der aus dem Arabischen »kurkum« kommen soll und dort eine Bezeichnung für Safran ist. Erst im Lauf des 19. Jahrhunderts verlor Curcuma wegen der damals aufkommenden billigeren synthetischen Farbstoffe ihre einstige Bedeutung als Färbepflanze. Als Farbstoff spielt sie im heutigen Indien nur noch als Körperbemalung bei verschiedenen Riten eine Rolle.

Kardamom

Kardamom, ursprünglich in Südindien beheimatet, ist eines der feinsten – und nach Safran und Vanille auch teuersten – Gewürze überhaupt. Er stellt insofern eine Besonderheit unter den Ingwergewächsen dar, als beim Kardamom ausschließlich die Samen und nicht, wie bei Ingwer und Curcuma, das Rhizom als Gewürz benutzt wird.

Da Kardamom wie alle Ingwergewächse eine ausgesprochen tropische Pflanze ist, die zwar keine besonders hohen Temperaturen, doch ein gleichmäßig warmes, feuchtes Klima braucht, liegen seine Hauptanbaugebiete an der indischen Malabarküste, wo 80 Prozent des Weltexports produziert werden, ferner auf Sri Lanka, in Guatemala, Tansania und auf Papua-Neuguinea.

◀ **Die grünlich-grauen** Kardamomkapseln, die Aroma tragenden Samen und das in der Schale vermahlene Gewürz, das in Schweden für süße Brötchen und Bisquits verwendet wird. Photo: Teubner Foodstudio, Füssen

▲ **Kardamom** bildet niedrig liegende Blütentriebe, deren Spitzen sich aufrichten und acht bis zwölf weiße Blüten tragen. Aus deren Fruchtknoten entwickeln sich stumpf dreikantige, dreifächrige Kapseln mit vier bis acht Samen pro Fach. Photo: Teubner Foodstudio, Füssen

Ausnahmsweise ein Samengewürz

Die schilfartige Rhizompflanze mit den niedrig liegenden Blütentrieben, deren Spitzen sich aufrichten und dreifächrige Früchte tragen, blühen und fruchten das ganze Jahr hindurch. Die grünlich-grauen Kapseln mit den vier bis acht Samen pro Fach, die in Reihe liegen und aneinander hängen, müssen daher in kurzen, regelmäßigen Abständen und das ganze Jahr über geerntet werden. Da man jedes Mal nur relativ kleine Mengen erntet, ist der Aufwand beträchtlich und der Preis des Gewürzes folglich sehr hoch. Um zu verhindern, dass die Früchte sich öffnen und die Aroma tragenden Samen herausfallen, werden sie kurz vor der Reife, d. h. grün geerntet. Obwohl nur die Samen das ätherische Öl enthalten, werden aus Kostengründen meist die ganzen Kapseln vermahlen, wobei die Schalen etwa 40 Prozent des Gesamtfruchtgewichts ausmachen. Allerdings muss dann auf der Packung der Hinweis »in der Schale gemahlen« angebracht werden.

In den Samen ist bis zu neun Prozent ätherisches Öl enthalten, in den Schalen nur 0,5 bis ein Prozent. Das ätherische Öl besteht zu 50 Prozent aus Terpineol, zu 30 Prozent aus Cineol, einem Hauptbestandteil des Eucalyptusöls, sowie weiteren Komponenten. Aufgrund seiner Inhaltsstoffe wird Kardamom in der indischen ayurvedischen Medizin schon seit langem völlig zu Recht als blähungstreibendes und verdauungsförderndes Mittel benutzt. Viele Inder und Vertreter anderer asiatischer Völker kauen die Samen als so genannte mouth-freshener, um einen wohlriechenden Atem zu bekommen und auf das andere Geschlecht attraktiv zu wirken: Kardamom-Samen, die in Indien oft in versilberter Form angeboten werden, gelten dort bis heute als wirksames Aphrodisiakum. Kardamomsamen werden auch in die Blätter des Betel-Pfeffers eingewickelt und als »Betelbissen« gekaut (auch die Samen der Betelnuss- oder Areka-Palme spielen dabei eine wichtige Rolle). Da die Aromaträger des Kardamomöls leicht flüchtig sind, lassen sich nur die geschlossenen Samenkapseln länger lagern.

In Deutschland wenig verwendet

Obwohl Kardamom bereits im Altertum nach Europa exportiert wurde und sich im alten Rom einer gewissen Beliebtheit als Verdauungshilfe und Salbenbestandteil erfreute, wurde er in Westeuropa eigenartigerweise erst im hohen Mittelalter in größerem Umfang bekannt. In der deutschen Küche spielt das Gewürz bis heute kaum eine Rolle, obwohl es sehr vielseitig verwendbar ist und zu Süßspeisen ebenso passt wie zu Herzhaftem. Es ist bei uns lediglich in Lebkuchen- und Wurstgewürzmischungen sowie im Currypulver enthalten. Die Spirituosenindustrie verwendet Kardamomöl gelegentlich zur Aromatisierung alkoholischer Gertränke.

Erstaunlicherweise ist Kardamom in den skandinavischen Ländern, die aufgrund ihrer spezifischen Handelsgeschichte eigene, von den mitteleuropäischen Traditionen mitunter verschiedene Würzgewohnheiten entwickelt haben, eine gängige und viel importierte Zutat für Gewürzkuchen, Kleingebäck und Brot. Auch die arabischen Staaten des Mittleren Ostens importieren viel Kardamom, um ihren Kaffee damit zu aromatisieren. Durch dieses Gewürz erhält der schwarze orientalische Kaffee sein unverkennbares Aroma.

▶ **Frisch geerntete** und bereits weitgehend von anhaftender Erde befreite Ingwerstaude. Photo: Michael Rendlen, Gewürzmüller, Stuttgart

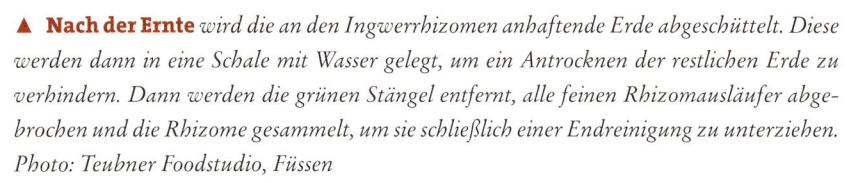

▲ **Nach der Ernte** wird die an den Ingwerrhizomen anhaftende Erde abgeschüttelt. Diese werden dann in eine Schale mit Wasser gelegt, um ein Antrocknen der restlichen Erde zu verhindern. Dann werden die grünen Stängel entfernt, alle feinen Rhizomausläufer abgebrochen und die Rhizome gesammelt, um sie schließlich einer Endreinigung zu unterziehen. Photo: Teubner Foodstudio, Füssen

▶ **Seiner attraktiven Blüte** wegen wird Ingwer in Deutschland zunehmend auch als Zierpflanze angeboten. Photo: Teubner Foodstudio, Füssen

▲ **Ernte und Aufbereitung** des Ingwers sind sehr arbeitsintensiv und erfordern viel manuelle Geschicklichkeit. Die äußeren Sprossen und Blätter werden umfasst und die Wurzelstöcke mit einer kleinen Hacke aus der Erde herausgedreht. Dabei dürfen die Rhizome nicht beschädigt werden. Photo: Photo: Teubner Foodstudio, Füssen

▲ **Von den grünen Stängeln,** ausfasernden Rhizomteilen sowie weitgehend von Erde befreiter frisch geernteter Ingwer. Photo: Teubner Foodstudio, Füssen

◄ **Alle Rhizome** werden an einer Sammelstelle noch einmal gewaschen und dann kurz in sehr heißes Wasser getaucht. Dadurch sollen Pilze, Bakterien und andere Schädlinge abgetötet werden. Photo: Michael Rendlen, Gewürzmüller, Stuttgart

**Scharfe Schoten
aus der Neuen Welt**

Chili

Paprika und Chili sind Gewürze, die heute große wirtschaftliche Bedeutung haben. Beide gehören botanisch zur Gattung *Capsicum*, ein- bis mehrjährigen, etwa einen Meter hohen, krautigen oder halbstrauchigen Gewächsen aus der Familie der Nachtschattengewächse *(Solanaceae)*. Die Gattung *Capsicum* umfasst 30 verschiedene Arten, die sich durch sehr große Variabilität auszeichnen: ihre Früchte können stehen oder hängen, rundlich oder länglich geformt und überdies völlig verschieden gefärbt sein. Fünf dieser 30 Arten spielen als Kulturpflanzen eine Rolle, auf dem europäischen Markt vor allem *Capsicum annuum* und *Capsicum frutescens*. Als Unterscheidungsmerkmale dienen vor allem die Größe der Früchte, die Dicke des Fruchtfleisches, Form, Farbe und ganz besonders die Schärfe.

Auf natürlichem Wege, aber auch durch Züchtungen und Kreuzungen von Wildarten haben sich die 30 verschiedenen Capsicum-Arten zu vielen Unterarten und Varietäten weiterentwickelt. Das hat zu einer verwirrenden und auch für Fachleute kaum mehr durchschaubaren Fülle von Namen geführt. Der Verbraucher dagegen hat seine eigene Klassifizierung erfunden, die leider in keiner Weise mit der botanischen übereinstimmt. Nach dem Verwendungszweck unterscheidet er zwischen dem relativ milden Gemüsepaprika und dem scharfen Gewürzpaprika. Meistens klassifiziert der Laie Capsicum-Früchte nach dem Schärfegrad und bezeichnet als Paprika die milden, großfrüchtigen Arten und als Chilis die mehr oder weniger scharfen, kleinfrüchtigen Sorten.

Botanisch gesehen gibt es für diese Unterscheidung keine nachvollziehbare Basis, und deshalb werden in diesem Kapitel die Begriffe »Capsicum-Frucht«, »Paprika« und »Chili« als Synonyme verwendet. Damit erübrigt sich die letztlich unbeantwortbare Frage, was man nun als Chile, Chile Pepper, Chili, Chilli, Cayennepfeffer, Paprika, Peperone, Peperoni, Pepper, Pfefferoni oder Pimiento bezeichnen darf und was nicht.

◀◀◀ **Abwehrzauber** *mit Chilischoten über einer Tür in Indien. Offenbar steckt hinter diesem Brauch die Vorstellung, dass böse Geister extrem sauren bzw. scharfen Gewürzen lieber aus dem Weg gehen. Photo: Birgit Breitkopf, München*

◀◀ **Chilis im Codex Fuchs.** *An dieser Darstellung ist zwar die Blatt- und Blütenform des Nachtschattengewächses richtig dargestellt, nicht korrekt ist hingegen, dass sich die Chilifrucht im reifen Zustand an zwei seitlichen Nähten öffnet. Photo: Österreichische Nationalbibliothek, Wien*

◀ **Asiatische rote Chilis** *mit schmalen Früchten, die oft zu Saucen und Gewürzmischungen, z.B. Sambal Oelek, verarbeitet werden. Photo: Teubner Foodstudio, Füssen*

▶ **Aus der kleinen,** *wild wachsenden Capsicum-Frucht (Kreis) haben sich alle länglichen, breiten und kugeligen Kulturformen von Capsicum entwickelt. Photo: Deutsches Museum, München*

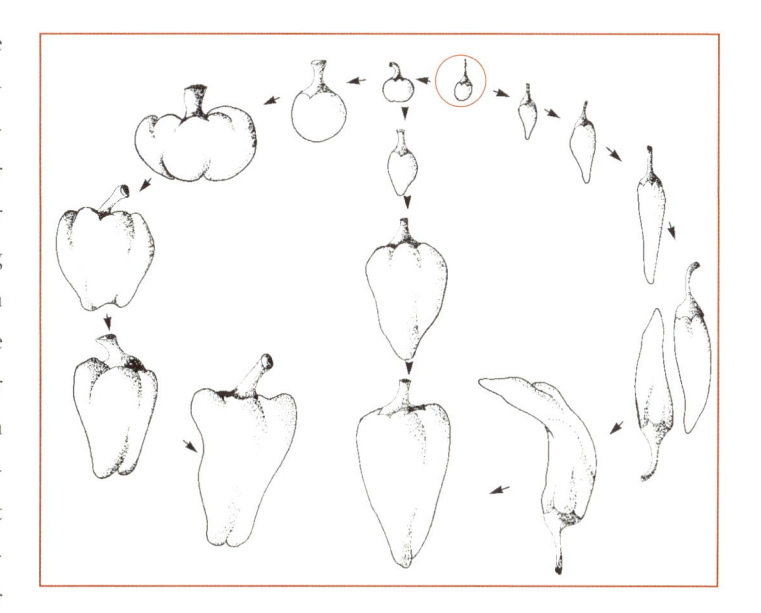

Chili

Alte Nutzpflanze der Inka, Maya und Azteken

Die Familie der Nachtschattengewächse, zu denen neben Kartoffel, Tomate und Tabak auch die Gattung *Capsicum* gehört, ist sehr reich an Nutzpflanzen. Nachtschattengewächse sind weltweit verbreitet, allerdings mit einem Schwerpunkt in den Tropen und Subtropen der Neuen Welt.

Aus der Neuen Welt stammen ursprünglich auch die Capsicum-Arten. Sie wurden von der Urbevölkerung Mittel- und Südamerikas und der Karibikinseln schon in prähistorischer Zeit, also Jahrtausende vor Kolumbus' Entdeckung Amerikas kultiviert und gehören zu den ältesten Kulturpflanzen der westlichen Hemisphäre. Das zeigen bis zu 9000 Jahre alte archäobotanische Funde sowie Darstellungen auf Tongefäßen und Kleidung aus peruanischen Gräbern. Der berühmte Tello-Obelisk aus einer Tempelruine in den Anden Perus deutet auf eine magische Bedeutung der Chilis. Inka, Maya und Azteken mieden sie während der Fastenzeiten, verwendeten sie aber bei religiösen Zeremonien und sprachen ihnen besondere Kräfte zu. Sie schätzten die scharfen Früchte, die im botanischen Sinne übrigens keine Schoten (die würden sich, wie beispielsweise Raps, an den Verwachsungsnähten der Fruchtblätter öffnen, um die Samen einzeln zu entlassen), sondern Beeren sind (da löst sich, wie etwa bei der Tomate, die Frucht als Ganzes von der Pflanze und wird als solche, mit den darin eingeschlossenen Samen verbreitet), als Gewürz und Heilmittel gegen Asthma, Husten und Halsentzündungen. Schon ein bis zwei Tropfen vom Saft der Früchte sollten bei Zahnschmerzen helfen. Chilis wurden von den Inkas und Azteken sogar, ähnlich wie zeitweise die Pfefferkörner in Europa, als Zahlungsmittel benutzt.

Darstellung von Chilis *aus dem Codex Fuchs. Wie die Bezeichnung »calecutischer Pfeffer« erkennen lässt, handelt es sich hier um Spezies, die über Indien ein zweites Mal nach Europa gelangten. Photo: Österreichische Nationalbibliothek, Wien*

Capsicum-Früchte *galten im 17. Jahrhundert als verdauungsfördernd, magenstärkend und blähungstreibend. Im 19. Jahrhundert wurden sie in viele Pharmakopöen aufgenommen und als Tinktur äußerlich und innerlich verabreicht. Die Volksmedizin nutzt Chilis seit Jahrhunderten äußerlich bei Rheumatismus und in Form von Gurgelwässern bei Angina. Photo: Deutsches Museum, München*

Kolumbus entdeckt den »indianischen Pfeffer«

Die Europäer lernten die scharfen Capsicum-Früchte als Folge der Entdeckung Amerikas kennen. Die Geographie der Pflanzenwelt veränderte sich nach 1492 grundlegend und nachhaltig: Seit diesem Datum gelangten ursprünglich amerikanische Nutz-, Zier-, Arznei- und Gewürzpflanzen und Pflanzenprodukte, wie z. B. Tabak, Tomaten, Süßkartoffeln, Kartoffeln, Erdnüsse, Erdbeeren, Kürbisse, Mais, Koka, Bohnen, Kakao, Opuntien, Guajakholz, Vanille, Piment und Chilis erstmals nach Europa, wohingegen europäische Pflanzen, die ihrerseits zum Teil ursprünglich asiatischen Ursprungs waren, nach 1492 mit den europäischen Eroberern und Siedlern nach Amerika weiterwanderten, beispielsweise Pfirsich-, Orangen- und Zitronenbäume, Melonen, Erbsen, Reis, Roggen, Safran, Senf, Weinreben, Weizen, Zuckerrohr und viele andere Pflanzen mehr. Die Bedeutung des Austausches von Pflanzen (und natürlich auch Tieren), die nach 1492 zwischen Europa und Amerika stattfand, kann nicht hoch genug eingeschätzt werden.

Es ist ein Indiz für den hohen Stellenwert der Gewürze in Europa, dass Chilis dank Kolumbus als eine der ersten neuweltlichen Kulturpflanzen schon 1493 nach Europa gelangten. Kolumbus war im Verlauf seiner ersten Entdeckungsreise auf die Karibikinsel San Salvador gestoßen und lernte schon im Januar 1493 bei den dortigen Eingeborenen eine unbekannte, sehr scharf schmeckende Frucht kennen. Da das Ziel seiner Transatlantikfahrt bekanntlich darin bestand, für die spanische Krone einen westlichen Seeweg ins reiche Indien zu finden, um dort vor allem Bezugsquellen für Gold und Gewürze, besonders Pfeffer aufzuspüren, hielt er die neue Frucht trotz ihres vom Pfeffer völlig verschiedenen Aussehens irrtümlich für eine besondere Pfefferart. Immerhin schmeckte sie pfeffrig scharf und wurde deshalb mit dem im Spanischen üblichen Wort für Pfeffer, nämlich als »pimienta« bezeichnet. Genau wie die von Kolumbus gewählte Bezeichnung »Las Indias« (die Indien) für die neu entdeckten überseeischen Territorien, so zeigt auch die Bezeichnung »pimienta« die Voreingenommenheit, mit der der Genuese und seine Mannschaft alles neu Entdeckte interpretierten: Sie waren aufgebrochen, um das Pfefferland Indien zu suchen und passten das, was sie sahen, auf Biegen und Brechen in ihre Wunschvorstellungen ein. Unbekannte Pflanzen und Tiere wurden im Analogieschluss mit Begriffen erfasst, die ihnen aus ihrer eigenen Kultur vertraut waren. Der den Europäern bis dahin unbekannte Mais wurde »als Korn nach Art der Kichererbse« beschrieben, die Kartoffel als »weißer Trüffel«, Kakaofrüchte als »eine Art Mandel« und Chilis eben als »eine Art Pfeffer«. Da Letztere aus dem vermeintlichen Indien

Keramikschale mit Chilidekor *aus Peru, ca. 400–600 v. Chr. Chilis wurden im präkolumbischen Peru häufig als dekoratives Element verwendet. Photo: Völkerkundemuseum, München*

Chili

stammten, wurden sie in der europäischen botanischen Literatur schon Anfang des 16. Jahrhunderts als »indianischer« oder »spanischer« Pfeffer bezeichnet.

Piment, ein weiterer vermeintlicher Pfeffer

Wie sehr Kolumbus und seine Begleiter darauf fixiert waren, ausgerechnet Pfeffer zu finden, und wie sehr sie die Gegebenheiten der Neuen Welt fehlinterpretierten, um Wunsch und Wirklichkeit zur Kongruenz zu bringen, zeigt auch die Entdeckungsgeschichte des Piments. Die irrtümliche Gleichsetzung eines weiteren unbekannten amerikanischen Gewürzes mit dem so sehnlich gesuchten indischen Pfeffer unterlief Kolumbus und seinen Begleitern nämlich noch ein zweites Mal.

Während ihrer zweiten Reise ins vermeintliche Indien stießen sie auf Jamaika auf Pimentbäume, immergrüne tropische Bäume, die wie die Gewürznelke zur Familie der Myrtengewächse *(Myrtaceae)* gehören. Das Aroma der Pimentfrüchte erinnert an viele Gewürze, besonders das von Gewürznelken, Zimt, Muskat und Pfeffer. Deshalb heißt Piment in England und Nordamerika, wo es sehr viel häufiger verwendet wird als in der deutschen Küche, *allspice*. Auch in der deutschen Sprache gibt es das Synonym »Allgewürz« oder »Nelkenpfeffer«. Im Fall des Piments erkannten Kolumbus und seine Begleiter ebenso wenig wie im Falle der Chilis, dass es sich hier um ein eigenes, neues Gewürz handelte. Obwohl die zur Reifezeit roten, zweisamigen Beeren an immergrünen, schlanken Bäumen von sechs bis zehn Meter Höhe wachsen, die keinerlei morphologische Ähnlichkeit mit der Pfefferpflanze haben, ließen sich die Eroberer aufgrund der kugeligen Form der Früchte, die kurz vor der Reife, also noch grün geerntet werden müssen, und deren pfefferähnlichem Aroma in die Irre leiten und hielten Piment für überproportional große Pfefferkörner. Folgerichtig tauften sie das neue Gewürz ebenfalls *pimiento*. Daraus wurde im Deutschen dann Piment.

Alkaloide als Gift, Genussgift und Arzneimittel

Ganz abwegig war die Gleichsetzung zwischen Pfeffer und Piment einerseits und Pfeffer und Chilis andererseits trotz des völlig andersartigen Aussehens der Pflanzen allerdings nicht. Verleiteten im ersten Fall das ähnliche Aroma und die ähnliche Form der Früchte zu diesem Trugschluss, so war es im zweiten Fall der beiden Gewürzen gemeinsame scharfe Geschmack, der eine Analogie vortäuschte.

In der Tat sind Pfeffer und Chilis typische Scharfstoffgewürze, deren Scharfstoffe in beiden

Gruppe von Hexen, *die in Gesellschaft des Teufels gerade einen Zaubertrank aus unbestimmbaren, möglicherweise alkaloidhaltigen Pflanzen brauen. Photo: British Library, London*

Fällen so genannte Alkaloide sind. Damit bezeichnet man chemische Stoffe, die im Pflanzenreich generell weit verbreitet sind, im Tierreich dagegen relativ selten vorkommen. Sie weisen chemisch ganz bestimmte Strukturelemente auf, haben beispielsweise eines oder mehrere Stickstoffatome im Molekül und reagieren, worauf die Bezeichnung »Alkaloid« anspielt, alkalisch (basisch). Alkaloide haben üblicherweise eine ausgeprägte, meist sehr spezifische Wirkung auf bestimmte Bezirke des Nervensystems, wobei allein die Dosis darüber entscheidet, ob sie als mörderisches Gift wirken – das ist bei vielen Alkaloiden schon bei kleinsten Mengen der Fall –, ein stimulierendes Genussgift oder sogar ein wertvolles Arzneimittel sind.

Pflanzliche Alkaloide, die medizinisch-pharmazeutisch verwendet wurden bzw. noch werden, sind beispielsweise das Morphin des Schlafmohns, das Colchicin der Herbstzeitlose und das Chinin der Chinarinde. In unserem Kulturkreis sind etliche Alkaloide mehr oder weniger regelmäßig konsumierte Genussgifte, so das Nicotin des Tabaks oder das Coffein des Kaffees. Viele pflanzliche Alkaloide sind seit alters bekannte Rauschmittel, beispielsweise das Cocain des Coca-Strauches oder das Meskalin, das im zentralamerikanischen Peyotl-Kaktus vorkommt und ähnliche Wirkungen hervorruft wie LSD.

Eine der Pflanzenfamilien, in der Alkaloide besonders oft und reichlich vorkommen, sind nun die Nachtschattengewächse *(Solanaceae),* zu denen, wie oben gesagt, Nutzpflanzen wie Kartoffeln, Tomaten, Tabak und alle Capsicum-Arten gehören (bei Kartoffeln und Tomaten sind die grünen Teile alkaloidhaltig). Einige Alkaloide von Nachtschattengewächsen haben große medizinisch-pharmazeutische Bedeutung und wurden vom Menschen schon früh in diesem Sinne gebraucht. Das gilt besonders für das Hyoscyamin des Bilsenkrauts *(Hyoscyamus niger),* das Atropin der Tollkirsche *(Atropa belladonna),* das Scopolamin der Alraune *(Mandragora officinarum)* und die Alkaloide des Stechapfels *(Datura),* der Atropin, Hyoscyamin und Scopolamin zugleich enthält. Auszüge dieser Pflanzen waren in den Hexen- oder Flugsalben enthalten, die sich so genannte Hexen im 15. Jahrhundert auf die Schleimhäute der Genitalien aufbrachten oder unter die Achseln rieben. Die in Bilsenkraut, Tollkirsche, Alraune und Stechapfel enthaltenen Alkaloide wirken auf das Zentralnervensystem und lösen Halluzinationen aus, insbesondere das subjektive Gefühl, fliegen zu können. Die Vorstellung, dass Hexen auf einem Besen durch die Lüfte ritten, kommt also daher, dass diese Frauen unter dem Einfluss der Alkaloide tatsächlich glaubten, zu fliegen. Die erotischen Exzesse, zu denen es nach Anwendung der Hexensalben teilweise kam und auf das Bild der auf einem Besenstiel reitenden Hexe anspielt, dienten der Inquisition wiederum als Vorwand, um gegen die vermeintlich mit dem Teufel im Pakt stehenden Frauen vorzugehen.

Der Scharfstoff Capsaicin

Wie die meisten Nachtschattengewächse, enthalten auch die Capsicum-Arten zahlreiche Alkaloide, deren mengenmäßig Wichtigstes der Scharfstoff Capsaicin ist. Es ist im wesentlichen diese Substanz, die den brennend scharfen Geschmack von Chilis und Cayennepfeffer verursacht. Sie ist noch in einer Verdünnung von 1 : 200000 auf der Zunge wahrnehmbar. Am höchsten konzentriert kommt Capsaicin in den Samen und Scheidewänden der Chilis

Chili

vor, während die Fruchtwand selbst nur einen geringen Gehalt an Alkaloiden aufweist.

Um Paprikapulver definierter, stets reproduzierbarer Schärfegrade herstellen zu können, werden die Samen und Scheidewände vor dem Vermahlen häufig entfernt und anschließend dem Mahlprodukt so lange wieder zugesetzt, bis das Endprodukt die jeweils gewünschte Schärfe erreicht hat. Um den angestrebten Schärfegrad objektiv messen zu können, wird bei diesem Prozess der Gehalt an Capsaicin ständig analytisch verfolgt. Man unterscheidet folgende Qualitätsstufen:

▶ Schärfefreier Paprika wird aus Früchten hergestellt, deren Scheidewände vollständig entfernt wurden. Er ist sehr mild und aromatisch.

▶ Delikatess-Paprika ist ebenfalls mild und aromatisch, aber geringfügig schärfer als schärfefreier Paprika.

▶ Edelsüßpaprika wird ebenso hergestellt wie die beiden erstgenannten Sorten, allerdings unter Hinzufügen eines höheren Samenanteils. Deshalb schmeckt er etwas schärfer als schärfefreier bzw. Delikatess-Paprika.

▶ Halbsüßpaprika ist noch schärfer als Edelsüßpaprika. Hier werden die Scheidewände und Samen der Frucht mitvermahlen.

▶ Rosenpaprika ist die schärfste unter den in Deutschland gängigen Handelssorten. Vor dem Vermahlen werden nur die Kelche und Stiele der Früchte entfernt.

▶ Scharfer oder Königspaprika wird sogar durch zusätzliches Hinzufügen von Scheidewänden und Samen hergestellt. Er ist würzig und brennend scharf.

Das Auge trieft, die Nase läuft

Der Capsaicin-Gehalt und damit die Schärfe der verschiedenen Chili-Sorten kann in Abhängigkeit von Art, Anbau-, Trocknungs- und Lagerbedingungen sehr variabel sein. Als Faustregel zur Einschätzung der Schärfe gilt jedoch: Je kleiner die Frucht, desto größer die Schärfe. Die Schärfe wird in Schärfegrade von eins bis 120 eingestuft, wobei der Schärfegrad 20 von Europäern schon als sehr scharf empfunden wird. Der bei uns als Gemüse verwendete milde Gemüsepaprika wurde aus einer scharfstoffarmen Chili-Mangelmutante gezielt so weitergezüchtet, dass er fast gar kein Capsaicin mehr enthält. Hier kann man Samen und Scheidewände getrost mitessen, ohne sich die Zunge zu verbrennen.

Streng genommen können wir den Geschmackseindruck »scharf« gar nicht schmecken. Unser Geschmackssinn erfasst mit den Schmeckzellen der

▲ **Chilis** auf einem asiatischen Markt. Photo: Teubner Foodstudio, Füssen
▶ **Indien:** Chilis werden zum Trocknen ausgebreitet. Photo: Birgit Breitkopf, München

Zunge und des Gaumens nur vier Grundqualitäten, nämlich süß, salzig, sauer und bitter. In letzter Zeit diskutiert man, ob es nicht eine fünfte Geschmacksqualität, den »Umami«-Geschmack, gäbe. Damit bezeichnet man jenen Geschmack, der durch Geschmacksverstärker wie z.B. Glutamat ausgelöst wird. Den Sinneseindruck »scharf« empfinden wir jedoch nicht mit den Geschmackszellen, sondern mit Schmerzrezeptoren, so dass man scharf, wissenschaftlich korrekt ausgedrückt, als Schmerz fühlt.

Falls man ein Gericht einmal zu reichlich mit Chilis gewürzt hat, und das Schmerzgefühl auf der Zunge unerträglich wird, so greife man nicht zu Wasser, Bier, Säften oder Limonade. Capsaicin ist nämlich nicht wasser-, sondern fettlöslich, so dass Alkohol oder fetthaltige Milchprodukte wie Trinkmilch, Joghurt oder Kokosmilch am besten gegen das Brennen helfen. Möglicherweise enthalten aus diesem Grund scharfe Chili-Gerichte in der mexikanischen Küche oft reichlich geschmolzenen Käse.

Scharfstoffe stimulieren beim Verzehr scharfer Gerichte die freien Nervenendigungen des *Nervus trigeminus*, die Signale an die Schleimhäute der Nase übertragen. Dadurch wird Tränenflüssigkeit freigesetzt, und die Nasenschleimhaut sondert Flüssigkeit ab. Außerdem wirken Scharfstoffe auf die Thermorezeptoren: Es kommt zu einer Verstärkung der peripheren Durchblutung und somit zu einer vermehrten Wärmeabgabe. Mehr oder weniger starkes Schwitzen nach Genuss von scharfen Speisen ist die Folge: Im Englischen wird Scharfes deshalb auch als »hot« (heiß) bezeichnet.

Das zweitbeliebteste Scharfstoffgewürz

Scharfstoffe sind auffälligerweise gerade in jenen Gewürzen enthalten, die auch im Verbrauch an der Spitze liegen: Ganz oben auf der Beliebtheitsskala steht Pfeffer, über dessen Scharfstoff Piperin im Pfeffer-Kapitel berichtet wurde. Jeder Deutsche verbraucht im Schnitt 230 Gramm Pfeffer pro Jahr. An

Chili

zweiter Stelle folgt mit 130 Gramm das Scharfstoffgewürz Paprika.

Paprika darf beim Kochen oder Braten nicht in siedendes Fett gegeben werden. Bei diesen Temperaturen würde im Kochtopf oder in der Pfanne nämlich eine Maillard-Reaktion ablaufen, d.h. der im Paprikapulver stets enthaltene Zucker würde zu einer dunkelbraunen Masse karamellisieren. Ein bitterer Geschmack und Geruchsveränderungen wären die Folge. Es empfiehlt sich also, das Gewürz möglichst erst nach dem Erhitzen oder kurz vor Ende der Erhitzungsperiode zuzusetzen.

Medizinisch-biologische Wirkung der Chili-Scharfstoffe

Biologisch haben die Chili-Scharfstoffe die Funktion, Fraßfeinde der Pflanzen abzuschrecken. Das gilt besonders für Säugetiere, die die capsaicinhaltigen Samen und Scheidewände der Chilis verdauen und damit im Gegensatz zu Vögeln, die die Samen unverdaut wieder ausscheiden, nicht zur Samenverbreitung beitragen. Der Mensch ist das einzige Säugetier, das gelernt hat, sich von den Scharfstoffen der Capsicum-Arten nicht abschrecken zu lassen, sondern die Capsicum-Früchte sogar gerade wegen ihres Scharfstoffgehaltes als Gewürz und Arzneimittel zu schätzen. Die ersten, die die kulinarischen und medizinischen Qualitäten der Chilis zu schätzen lernten, waren in prähistorischer Zeit die Indianer Mittelamerikas. Capsaicin wird aber auch heute noch medizinisch genutzt, wobei man zwei Wirkungen unterscheidet, je nachdem, ob die Substanz äußerlich oder innerlich angewandt wird.

Äußerlich auf Haut oder Schleimhäute aufgebracht, stimuliert Capsaicin die Wärmerezeptoren und wirkt gefäßerweiternd und durchblutungsfördernd, ohne entzündungserregend zu sein. Die Schmerzrezeptoren reagieren mit einer Ausschüttung von Schmerzbotenstoffen. Wiederholt man das Auftragen einer capsaicinhaltigen Salbe einige Male, wird der lokale Vorrat dieser Botenstoffe (Neurotransmitter) vorübergehend aufgebraucht. Dadurch wird man für eine erstaunlich lange Zeit vom Schmerzempfinden befreit. Mit capsaicinhaltigen Wärmepflastern wie z. B. »ABC-Pflastern« und Salben kuriert man seit Generationen sehr erfolgreich

Für den Geschmack *und den Duft eines Gewürzes oder einer Gewürzmischung sind weitgehend die ätherischen Öle verantwortlich. Um diese möglichst in ihrer Gesamtheit zu nutzen, bereitet eine indische Hausfrau ihre Currymischung für jede Mahlzeit neu und in der auf das jeweilige Gericht abgestimmten Komposition. In jedem Fall muss Currypulver in Fett geschmort werden, damit es sein volles Aroma entfaltet. Photo: Teubner Foodstudio, Füssen*

rheumatische Erkrankungen, Gliederschmerzen, Neuralgien und Hexenschuss.

Bei innerlicher Aufnahme, z. B. beim Verzehr paprikagewürzter Nahrung, stimuliert Capsaicin die Speichelbildung und Magensaftsekretion. Darüber hinaus regt es die Darmbewegung an und verbessert den Transport des Nahrungsbreis im Darm. Es unterstützt also in vielerlei Hinsicht die Verdauung, was sich therapeutisch bei Appetitlosigkeit nutzen lässt.

Die Polizei benutzt zum vorübergehenden Ausschalten eines Angreifers Abwehrsprays auf Capsaicin-Basis. Sie werden im Volksmund und in der Presse fälschlicherweise häufig Pfeffersprays genannt, obwohl sie gar keinen echten Pfeffer *(Piper nigrum)*, sondern Extrakte von Cayennepfeffer *(Capsicum frutescens)* und damit den Scharfstoff Capsaicin enthalten. Wie man sieht, wirkt Kolumbus' irrtümliche Gleichsetzung von Pfeffer und Chili sprachlich bis in unsere Zeit fort. Pfeffersprays sind, solange sie nicht auf Schleimhäute gesprüht werden, eine wirksame und relativ harmlose Alternative zu Schuss- und anderen Waffen und eignen sich auch für die Damenhandtasche, um potenzielle Verfolger abzuwehren. Ganz neu sind diese Waffen übrigens nicht: Schon die südamerikanischen Indianer setzten sich gegen die spanischen Eroberer mit Rauchgas zur Wehr, zu dessen Produktion sie Chilis verbrannten.

Die Chilis reisen um die Welt

Die von Kolumbus aus Mittelamerika nach Europa mitgebrachten Chilis wurden zunächst nicht als Gewürz, sondern als exotische Zierpflanze in den fürstlichen und bischöflichen Parks und botanischen Gärten Süd- und Westeuropas verwendet. Über die Klostergärten gelangte die amerikanische Pflanze noch im Verlauf des 16. Jahrhunderts in die Hände des einfachen Volkes. Das nahm die kulinarische Nutzung des Paprikas überraschend schnell an, möglicherweise weil die Mediziner ihm ähnlich günstige medizinische Wirkungen zuschrieben wie dem Pfeffer. Andere, zeitgleich eingeführte amerikanische Kulturpflanzen setzten sich erst deutlich später in der europäischen Küche durch, so die Tomate, deren Gebrauch im Gegensatz zu den Chilis erst vor etwa 200 Jahren üblich wurde, oder die Kartoffel, die sich Ende des 18. Jahrhunderts allmählich als Nutzpflanze etablierte und erst seit Beginn des 19. Jahrhunderts ein wichtiges Grundnahrungsmittel in Europa ist.

Allerdings beschränkte sich die Bedeutung der Chilis bis Mitte des 16. Jahrhunderts zunächst noch auf die Iberische Halbinsel und Südwesteuropa. Zentral- und Südosteuropa lernten die scharfen Schoten auf einem Umweg kennen. Durch die Portugiesen, die die Chilis entweder über Spanien erhalten oder aber direkt aus Brasilien nach Portugal eingeführt hatten (für letzteren Weg spricht das im 16. Jahrhundert übliche Synonym »Brasilianischer Pfeffer«), gelangten die Chilis schon im frühen 16. Jahrhundert in portugiesische Handelsstützpunkte an der Küste Westafrikas. Von dort reisten sie auf den damaligen maritimen Handelsrouten rund um das Kap der Guten Hoffnung bis Indien, China, Korea, Japan und auf die Philippinen. Überall, wo die scharfen Schoten dank der portugiesischen Seefahrer Fuß fassten, gehören sie bis heute zum festen Bestandteil der regionalen Küche: Das gilt für Westafrika, vor allem aber für Indien, das heute sogar einer der größten Chili-Produzenten der Welt ist. Zur Bereitung von Currypulver, jener in Indien schon seit dem

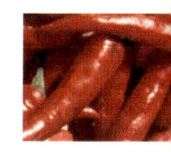

Chili

5. Jh. v. Chr. erwähnten, pikanten, und sehr variabel zusammengesetzten Gewürzmischung, werden seit dem 16. Jahrhundert auch Chilis eingesetzt. Heute gelten sie neben Curcuma, Kardamom, Koriander, Ingwer, Kreuzkümmel, Macis, Nelken, Pfeffer und Bockshornklee sogar als eine der unverzichtbaren Zutaten jeder Currymischung.

In den alten portugiesischen Stützpunkten am Persischen Golf und in Vorderindien trafen die Osmanen im ersten Drittel des 16. Jahrhunderts auf die ersten Chilis. Mit den Osmanen gelangten die scharf schmeckenden Früchte über Persien und den islamischen Orient wieder nach Europa zurück und landeten im Zuge der Expansion des Osmanischen Reiches noch vor 1569 auf dem Balkan. 1585 sind sie in Mähren nachweisbar. Zur zentraleuropäischen Kulturpflanze wurden Chilis erst, nachdem sie über Asien und den Orient, also von Osten kommend, ein zweites Mal nach Europa gelangt waren. Auf ihren abenteuerlichen Weg aus Indien zurück nach Europa spielt die im 16. Jahrhundert übliche Bezeichnung »Calecutischer Pfeffer« an. Ironischerweise waren die ursprünglich mittel- und südamerikanischen Chilis einmal um die Welt gereist, bevor sie von Europa aus mit den ersten Siedlern schließlich nach Nordamerika gelangten: Seit 1621 sind sie in Virginia nachweisbar.

Pfefferersatz fürs ungarische Volk

Die Osmanen legten in den von ihnen eroberten Balkanländern jedenfalls die Basis dafür, dass Chilis dort bis heute in Küche und Landwirtschaft eine wichtige Rolle spielen. Von einem planmäßigen Anbau konnte während des 16. Jahrhunderts zunächst noch keine Rede sein. Er erfolgte für den Eigenbedarf des türkischen Heeres und der Besatzungsverwaltung nur vereinzelt. Im nicht-türkischen Nord- und Westungarn (Österreichisch-Ungarn) dagegen war der Gewürzpaprika noch im 16. Jahrhundert nur als exotische Zierpflanze des Adels anzutreffen.

Im Verlaufe der rund 160-jährigen Türkenherrschaft auf dem Balkan übernahmen die Einheimischen einige Ess- und Würzgewohnheiten ihrer Besatzer. In Ungarn diente der Gewürzpaprika vor allem der ärmeren Bevölkerung als billiger Pfefferersatz. Die einfachen Leute bauten ihn bald in Bauerngärten an und verwendeten ihn regelmäßig, nicht nur zum Würzen der traditionell fetten Speisen, die dadurch sicherlich bekömmlicher wurden, sondern auch als Konservierungsmittel: Speck und Schinken

Orientalischer Basarstand, *der Chilipulver und verschiedene Currymischungen anbietet. Die in Europa erhältlichen Currymischungen sind eine europäischen Gaumen angepasste Erfindung der Engländer. Inder würden unsere stereotypen Currymischungen vermutlich verschmähen, da sie den indischen, für jedes Gericht individuell hergestellten Mischungen nur nachempfunden sind. Photo: Deutsches Museum, München*

wurden zwecks besserer Haltbarkeit mit Paprika eingerieben. Die ursprüngliche Pfefferersatzfunktion spiegelt sich auch in der Geschichte des Wortes »Paprika« wider: Das slawische Wort »Pepr« ist gleichbedeutend mit dem lateinischen »piper«. In der Verkleinerungsform entstand daraus Peperke, Piperka, Peprika und schließlich Paprika.

Die steigende Nachfrage nach Gewürzpaprika im 17. Jahrhundert war dadurch bedingt, dass Chili dank fliegender Arzneihändler in den Ruf eines guten Heilmittels kam. Das löste seinen größerflächigen Anbau aus, vor allem in der Gegend um Szeged und Kalocsa. Gegen Ende des 18. Jahrhunderts setzte sich der Gebrauch des Gewürzpaprikas in ganz Ungarn durch, auch in den Küchen des Land- und Hochadels. Ein unverhoffter Glücksfall war für die ungarischen Paprikabauern die 1806 von Napoleon gegen Großbritannien verhängte Kontinentalsperre. In der Zeit der Wirtschaftsblockade waren die pfefferhungrigen Zentraleuropäer von überseeischen Pfefferimporten fast völlig abgeschnitten. Nolens volens verwendeten sie ungarischen Paprika als Pfefferersatz und gewöhnten sich dabei an das neue Gewürz. Seitdem ist Paprika aus dem europäischen Gewürzhandel nicht mehr wegzudenken, auch wenn Ärzte im 19. Jahrhundert vor seinem allzu reichlichen Gebrauch warnten und gerade dem scharfen Paprika magenreizende Eigenschaften zuschrieben. Heute dagegen ist sich die Medizin einig, dass Paprika, vorausgesetzt er wird maßvoll dosiert, ein überaus gesundes Gewürz ist.

Da der Paprika im 16. und 17. Jahrhundert praktisch einmal um die ganze Welt gereist war, gibt es heute viele Länder, die ihn produzieren: Die wichtigsten Anbauländer für milden Paprika sind Brasilien, die USA (Kalifornien, New Mexico), Ungarn, Spanien, Südafrika und Israel. Scharfe Chilis werden in allen tropischen und subtropischen Regionen angebaut.

Intensive Züchtung von Capsicum-Arten wird erst seit Anfang des 20. Jahrhunderts betrieben und begann damit, dass in Ungarn eine Mangelmutante von Capsicum entdeckt wurde, der die Scharfstoffe größtenteils fehlten. Durch deren Weiterzüchtung entstand der fast walzenförmige Gemüsepaprika mit großen, fleischigen, grünen, gelben oder roten Früchten von relativ mildem Geschmack. Durch Zuchtauswahl erreichte man schließlich eine bis zu 500fache Vergrößerung der Frucht.

Vitamin C in Paprika

Nicht zufällig gelang die erstmalige Isolierung des Vitamin C (Ascorbinsäure) ausgerechnet einem Ungarn, der dazu Paprika, diese in seiner Heimat so ausgiebig kultivierte Nutzpflanze, als Studienobjekt benutzt hatte. Für diese Leistung erhielt Albert von Szent-Györgyi (1893–1986) 1937 den Nobelpreis für Physiologie und Medizin.

Schon 1675 hatte man erstmals versucht, den Anti-Skorbut-Wirkstoff aus bestimmten Pflanzen zu isolieren. Allerdings sollten mehr als 250 Jahre vergehen, bis dies tatsächlich gelang: 1927 gewann der Mediziner Szent-Györgyi erstmals winzige Mengen Ascorbinsäure aus bekanntlich antiskorbutisch wirkenden Naturprodukten wie Zitrusfrüchten, später auch aus Nebennieren. Eine große Schwierigkeit bestand darin, größere Mengen dieser empfindlichen Substanz zu erhalten, die sich in Gegenwart von Schwermetallspuren und an Licht und Luft leicht zersetzte.

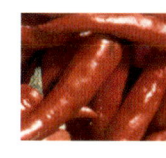

Seinen typisch ungarischen Essgewohnheiten hatte Szent-Györgyi, der 1930 auf den Lehrstuhl für medizinische Chemie der Universitätsstadt und Paprikametropole Szeged berufen wurde, nun eine wichtige Zufallsentdeckung zu verdanken. Sie war angesichts der Tatsache, dass seine knappen und so mühsam gewonnenen Ascorbinsäurevorräte bei Experimenten so gut wie verbraucht worden waren, von ungeheurer Tragweite. Eine ideale und sehr reichhaltige Ascorbinsäurequelle war, wie Szent-Györgyi zufällig feststellte, ungarischer Paprika. Dank dieser Entdeckung konnte er endlich genügende Mengen dieser Substanz isolieren, um eine Analyse durchzuführen. Dabei zeigte sich, dass seine Ascorbinsäure mit dem »antiskorbutischen Vitamin«, dem Vitamin C, identisch war.

In der Tat ist Paprika das Gemüse mit dem höchsten Gehalt an Vitamin C. 100 Gramm Paprika enthalten doppelt so viel Vitamin C wie 100 Gramm Zitrone. Der Vitamingehalt des Paprikas ist neben Herkunft und Reifegrad von der jeweils verwendeten Sorte abhängig. Den höchsten Gehalt bis zu 400 Milligramm Vitamin C pro 100 Gramm hat der Tomaten-Paprika.

Carotinoide

Zu den wichtigsten Inhaltsstoffen von Paprika gehören neben den bereits erwähnten Scharfstoffen und dem Vitamin C charakteristische Farbstoffe, die Carotinoide. Diese Verbindungen verdanken ihren Namen dem Farbstoff der Karotten *(Daucus carota)*. Carotinoide umfassen eine große Zahl von Verbindungen und kommen, wenn auch in sehr unterschiedlicher Konzentration, praktisch in allen Pflanzen (Karotten, Tomaten, Mais, Paprika etc.; auch grüne Gemüse enthalten meist beträchtliche Konzentrationen an Carotinoiden, deren Farbe allerdings meist durch das Grün der Chlorophylle überdeckt wird), aber auch im Tierreich vor (Hummer, Krebse, Flamingos usw.). Ihre Farbpalette reicht von gelb über orange bis hin zu tiefem Rot.

Die wichtigste Eigenschaft der Carotinoide ist ihre nahe Verwandtschaft zum Vitamin A. Einige Carotinoidfarbstoffe besitzen sogar Provitamin-A-Aktivität. Sie können als Antioxidantien freie Sauerstoff-Radikale abfangen und aktive Sauerstoff-Spezies inaktivieren. Aufgrund all dieser Eigenschaften wird den Carotinoiden eine mögliche Bedeutung bei der Vorbeugung verschiedener Krebserkrankungen zugeschrieben.

An der Farbe des Paprikas sind über 30 verschiedene gelbe, orange und rote Carotinoid-Farbstoffe beteiligt, darunter das orangefarbene Beta-Carotin und die beiden roten Pigmente Capsanthin und Capsorubin. Die natürliche Farbe der Paprikafrüchte soll auch im Mahlprodukt erhalten bleiben, das dadurch nicht nur Gewürz, sondern, ähnlich wie Safran und Curcuma, zugleich auch ein natürlicher

Trocknen von Paprikazöpfen *in Ungarn. Photo: Ungarisches Fremdenverkehrsamt, Wien*

Lebensmittelfarbstoff ist. Als solcher wird er unter dem Kürzel E 160 c in der modernen Lebensmittel- und Kosmetikindustrie auch eingesetzt, beispielsweise um Schmelzkäse orangerot zu färben. Die Qualität von Paprikapulver wird unter anderem an seiner Farbintensität und damit an seinem Carotinoidgehalt gemessen: Gute Paprikapulver haben einen hohen Gehalt an Rotpigmenten und einen möglichst geringen Anteil von Gelbpigmenten. Hochwertige Paprikapulver sind also an ihrer intensiv dunkelroten Farbe zu erkennen, minderwertige sind braun-orange bis ziegelstaubfarben.

Da Licht die Carotinoide zerstört – unter diesen Bedingungen wird selbst ein ursprünglich dunkelrotes Pulver schnell ziegelstaubfarben –, muss Paprikapulver immer lichtgeschützt, d. h. in dunklen Gläsern, aufbewahrt werden. Verfälschungen, wie das Auffärben des Gewürzpulvers mit künstlichen Azofarbstoffen oder die unerlaubte Zugabe von Antioxidationsmitteln zur Farbstabilisierung lassen sich heute analytisch leicht feststellen und haben daher bei uns keine große Bedeutung mehr. In anderen Ländern, z. B. in den USA, ist die Farbstabilisierung von Paprikapulver jedoch erlaubt.

Industrielle Verarbeitung von Paprikapulver

Etwa 70 Prozent des heute hergestellten Paprikapulvers wird industriell (z. B. zur Herstellung von Snackartikeln wie Paprikachips, Fisch- und Fleischprodukten, Wurstwaren, Suppen und Saucen usw.), der Rest in den privaten Haushalten verwendet. Die industrielle Anwendung bedingt besonders hohe Anforderungen an die Qualität der Paprikapulver, denn industriell hergestellte Lebensmittel müssen monatelang lagerfähig sein.

Problematisch ist die Möglichkeit einer mikrobiellen Belastung des Paprikapulvers, vor allem das Vorkommen von Salmonellen, und die immer wieder zu beobachtende Innenverschimmelung von Paprikaschoten. Besonders das letztere Phänomen birgt die Gefahr in sich, dass das Paprikapulver mit hochtoxischen Schimmelpilzgiften (Mykotoxinen), auf die im Muskatnuss-Kapitel eingegangen wurde, belastet ist. Auf das Problem einer möglichen mikrobiellen Belastung des Paprikapulvers wird nach einem 1993 bei der Firma Bahlsen aufgetretenen Fall, bei dem Paprikachips wegen Salmonellenverdachts zurückgerufen werden mussten, in Deutschland besonders geachtet. Die Ursachenanalyse dieser kostspieligen und unweigerlich mit einem zeitweiligen Imageeinbruch der betroffenen Firma einhergehenden Rückrufaktion führte dazu, dass große deutsche Gewürzfirmen dazu übergingen, in Brasilien eigene Paprikaplantagen anzulegen, um sich nicht mehr auf möglicherweise keimbelastete Lieferungen lokaler Kleinbauern und Kooperativen verlassen zu müssen. Man möchte die gesamte Produktionslinie von der Pflanzenzüchtung über Anbau, Trocknung und Weiterverarbeitung bis zur Konfektionierung für den Endverbraucher unter Kontrolle bringen und hofft, mit dieser Maßnahme bessere Garantien für eine einwandfreie Ware zu schaffen, vor allem aber die mikrobiologischen Risiken bei der Herstellung von Capsicum-Produkten in den Griff zu bekommen. Um das Problem einer möglichen Schimmelpilzgiftbelastung zu lösen, sollen durch gezielte Züchtung Paprikasorten entwickelt werden, die nicht mehr zu Innenverschimmelung neigen. Ob und inwieweit diese Vorgabe zu erfüllen ist, vielleicht auch mithilfe der Gentechnik, wird derzeit ausgelotet.

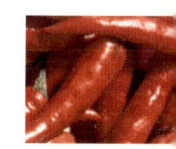

**Seit 500 Jahren begehrtes
Gewürz aus der Mittelamerika**

Vanille

Vanillin, die Hauptaromakomponente der Vanilleschote, ist heute der weltweit am häufigsten verwendete Aromastoff. Schokolade, Eiscreme, Konfekt, Bonbons, Backwaren, Desserts, Puddings, Kuchen, Kekse, Getränke, ja selbst Tiernahrung, Arzneimittel, Kosmetika, Parfüms und Tabakwaren werden damit aromatisiert. Mehr noch: Vanillin ist auch ein beliebter Duftstoff zum Maskieren unangenehmer Gerüche in der industriellen Produktion von Gummiwaren, Papiererzeugnissen und Kunststoffen. Die Europäer lernten das heute so beliebte Aroma erst vor etwa fünfhundert Jahren kennen: Neben Chili und Piment ist die Vanille eines jener drei bedeutenden Gewürze, die wir der Entdeckung Amerikas zu verdanken haben.

Die Vanille *(Vanilla planifolia)* gehört zur großen, ungefähr 18 000 Arten umfassenden Familie der Orchideengewächse *(Orchidaceae)* und ist die einzige Nutzpflanze innerhalb dieser Pflanzenfamilie. Sie wuchs ursprünglich ausschließlich in den küstennahen tropischen Regenwäldern Südostmexikos und Mittelamerikas. Hernán Cortés (1485–1547), der spanische Eroberer Mexikos, war der Legende nach der erste Europäer, der die aromatische Frucht 1519 kennen lernte. Angeblich wurde er vom Aztekenherrscher Montezuma mit einem *chocolatl* genannten, mit Vanille aromatisierten Kakaogetränk bewirtet, der Vorläuferin unserer Trink- und Tafelschokolade. In der Tat war heiße Schokolade ein Getränk der aztekischen Elite, das ausschließlich dem Königshaus, Würdenträgern, Adligen, Fernhandelskaufleuten und Kriegern vorbehalten war. Anders als die Legende berichtet, wurde es aber nicht nur mit Vanille, sondern auch mit getrocknetem und zu Pulver zerriebenem Chili oder Piment aromatisiert und konnte so völlig unterschiedlich schmecken.

Zusammen mit anderen Kolonialwaren wie Kakaobohnen, Guajakholz oder den Naturfarbstoffen Indigo und Cochenille gelangten die ersten Vanilleschoten bald nach der Eroberung Mexikos nach Spanien. So ist denn auch das Wort »Vanille« spanischen Ursprungs und bedeutet kleine Hülse. Anfang des 17. Jahrhunderts begann die damals extrem teure Vanille ihren Siegeszug an den europäischen Königs- und Fürstenhöfen, insbesondere in Frankreich und England. Heiße, mit Vanille, später auch mit Zimt aromatisierte Trinkschokolade wurde zum Modegetränk der Oberschicht. Bald jedoch emanzipierte sich die tropische Frucht aus der traditionellen Verbindung mit der Trinkschokolade und wurde zunehmend als eigenständiges Gewürz verwendet, zunächst zur Herstellung von Konfekt und Eiscreme, schließlich aber auch zur Aromatisierung von Tabaken und erlesenen Parfums.

Vanille galt, wie übrigens auch der Kakao, bereits bei den Azteken als wirkungsvolles Aphrodisiakum. Dieser Ruf trug zu ihrer auffallenden Beliebtheit in Frankreich bei und ist einer der Gründe, weshalb die Kombination von Vanille und Kakao, gewissermaßen die Potenzierung eines Aphrodisiakums, so beliebt war. Inwieweit Vanille tatsächlich aphrodi-

◄◄◄ **Die Vanille blüht** nur wenige Morgenstunden lang. In dieser Zeit müssen alle Blüten der Pflanzung von Hand mit Hilfe eines Bambusstäbchens bestäubt werden. Geübte Arbeiterinnen schaffen 1000 bis 1500 an einem Vormittag. Photo: Haarmann & Reimer, Holzminden

◄◄ **Als tropische Kletterorchidee** braucht die Vanille stets eine Stützpflanze und muss schattig stehen. Photo: Teubner Foodfoto, Füssen

◄ **24 Stunden** nach der Bestäubung bilden sich die ersten Fruchtansätze, die in vier bis sechs Wochen zu zehn bis 20 Zentimeter langen Schoten heranwachsen. Photo: Teubner Foodfoto, Füssen

Vanille

sierend wirkt, ist nicht geklärt. Aus der Tierwelt ist jedoch bekannt, dass männliche Wanzen unter anderem Vanillin als Lockstoff für die Weibchen ausscheiden, und auch im Pflanzenreich scheint Vanillin, das nicht nur in der Vanille, sondern auch in anderen Pflanzen vorkommt, als Lockstoff für potenzielle Bestäuber oder nützliche Bodenbakterien zu fungieren. Im Volksmund gilt Vanille immer noch als »Liebesmittel«. Als Aphrodisiakum wurde sie im 18. und 19. Jahrhundert sogar in den amtlichen europäischen Arzneibüchern aufgeführt, und bis heute enthalten so genannte Liebesmenus prominenter Köche meist reichlich Vanille.

Die Kultur der Vanille außerhalb Mexikos

Im 18. Jahrhundert versuchten die Europäer, besonders die Franzosen, wiederholt, Vanille in tropischen Regionen außerhalb Mexikos zu kultivieren. Derartige Projekte scheiterten allerdings immer wieder, so dass die Vanilleproduktion bis Mitte des 19. Jahrhunderts ein Monopol der Indianer Mexikos blieb. Zwar gelang es, Stecklinge großzuziehen und die Pflanzen in Gewächshäusern zu üppiger Blüte zu bringen, doch bildeten sich zum großen Erstaunen der Gärtner nie Früchte. Im ersten Drittel des 19. Jahrhunderts kam man der Ursache auf die Spur: Nur im Ökosystem Mexikos gibt es Tiere – Kolibris, bestimmte Bienen-, Ameisen- und Schmetterlingsarten –, die die komplizierte Bestäubung der tropischen Orchidee besorgen.

Erst nachdem der belgische Botaniker Charles Morren (1807–1858) während eines Forschungsaufenthaltes in Mexiko herausgefunden hatte, wie der Fortpflanzungsmechanismus der Vanille funktionierte und daraufhin Vanillepflanzen in den Gewächshäusern des Botanischen Gartens zu Lüttich manuell befruchtete, wurde allen an Vanille interessierten Kolonial-

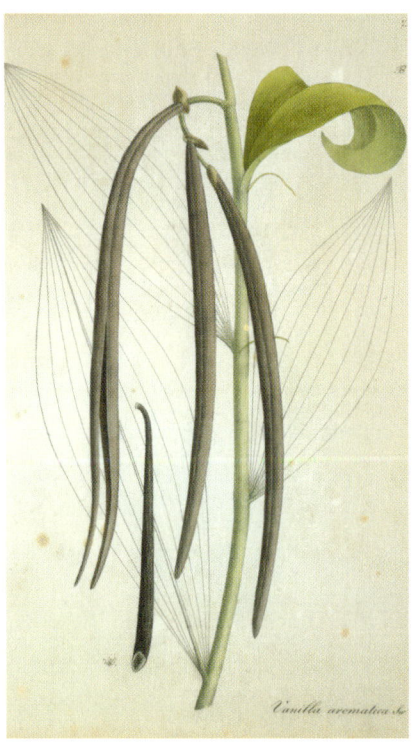

Darstellung der Vanilleblüte *und einer aufgeplatzten Vanillefrucht aus dem Buch* Plantae Medicinales *oder* Sammlung offizineller Pflanzen *des deutschen Botanikers Nees von Esenbeck (1776–1858), Düsseldorf 1828. Vanille galt im 18. und 19. Jahrhundert als blähungstreibend, verdauungsfördernd und entwässernd, wurde aber auch bei Hysterie, Menstruationsstörungen und Bleichsucht verschrieben. Photos: Deutsches Museum, München*

mächten die weitere Strategie klar: Man legte in klimatisch geeigneten überseeischen Besitzungen großflächig neue Vanillekulturen an. Besonders taten sich die vanillebegeisterten Franzosen hervor, die Morrens Methode 1838 im Pariser Jardin du Roi, dem heutigen Muséum national d'histoire naturelle, mit Erfolg wiederholten. Sofort machte Frankreich seine damaligen, im Indischen Ozean vor der ostafrikanischen Küste gelegenen Kolonien Madagaskar, die Seychellen, Komoren und die Île de Bourbon, das heutige La Réunion, zum weltweit größten Produzenten der in Europa hochgeschätzten »Bourbon-Vanille«: Bis heute stammen 65 bis 70 Prozent der Weltproduktion aus diesen ehemals französischen Gebieten. Allein Madagaskar, der mit Abstand größte Produzent, liefert jährlich etwa 700 Tonnen Schoten.

Außer den afrikanischen Sorten spielen derzeit noch die mexikanische und die indonesische Vanille eine Rolle. Der Vanilleanbau in Indonesien, wo die Pflanze ursprünglich ebenso wenig vorkam wie auf den Inseln des Indischen Ozeans, ist eine Folge niederländischer Kolonialpolitik in Ostindien.

Eine Orchidee als Nutzpflanze

Vanille ist eine mehrjährige, in den Tropen und Subtropen wachsende Kletterpflanze, die sich bis zu zehn Meter an ihren Stützpflanzen emporranken kann, in Kultur allerdings sehr viel niedriger gehalten wird. Die traubenförmigen Blütenstände, die aus den Blattachseln hervortreten, bestehen aus acht bis zehn etwa fingerlangen gelblich-grünen, stark duftenden typischen Orchideenblüten. Pro Tag blüht nie mehr als eine Blüte eines Blütenstandes, und auch das nur für wenige Stunden.

In dieser kurzen Zeit – eine fünfjährige Pflanze bringt innerhalb der etwa drei Monate dauernden Blütezeit über 1000 Blüten hervor – muss die Pflanze bestäubt werden. Die rachenförmigen gelblich-grünen Vanilleblüten beherbergen männliche und weibliche Fortpflanzungsorgane zugleich. Um eine Selbstbestäubung zu verhindern, sind beide miteinander verwachsen und durch ein zungenförmiges Blatt voneinander getrennt. Folglich bedarf es beim Bestäubungsvorgang in jedem Fall fremder Hilfe: Wenn nicht Insekten oder Nektar suchende Kolibriarten die Trennmembran zerreißen und dabei Pollen auf die Narbe übertragen, muss die Bestäubung manuell erfolgen. Dazu wird

Ein indianischer Kakaomacher, *seine Geräte und die vor ihm verwendeten Früchte: Kakaobohnen und Vanille. Schokolade und Vanille gehören seit aztekischen Zeiten zusammen. Teilweise würzten die Azteken ihre zunächst ungesüßte Trinkschokolade aber auch mit Chilis oder Piment. So konnte deren Geschmack stark variieren, von leicht würzig bis sehr scharf. Photo: Deutsches Museum, München*

Vanille

die Membran in den Blüten mit einem Bambusstäbchen zerrissen und der Pollen durch Zusammendrücken der Blüten auf die Narbe übertragen. Da nur vergleichsweise wenige Früchte ansetzen würden, wenn man die Bestäubung ganz der Natur überließe, wird Morrens Methode heute auch in Mexiko praktiziert. Üblicherweise führen schlecht bezahlte Frauen und Kinder die viel Geschicklichkeit erfordernde Operation durch, bei der eine Person 1000 bis 1500 Blüten pro Tag bestäubt. Unterbleibt dies, fällt die Blüte ab. Im andern Fall beginnt der Fruchtknoten zu wachsen, und schon nach etwa vier bis sechs Wochen hat die grünliche, einer Stangenbohne ähnelnde Frucht ihre endgültige Länge erreicht, d. h. etwa 15 bis 18 Zentimeter.

Erntereif sind die länglich-fleischigen Vanilleschoten (sie sind im botanischen Sinne übrigens keine Schoten, sondern Kapseln) aber erst etwa acht Monate nach der Befruchtung, und zwar genau dann, wenn ihre Farbe vom Grünlichen ins Gelbliche wechselt. Eine Vanillepflanze soll, um nicht geschwächt zu werden, im Ganzen nur vier, höchstens fünf Fruchttrauben – Besen genannt – zu nicht mehr als je zehn Früchten entwickeln. Die Bestimmung des geeigneten Erntezeitpunktes erfordert viel Erfahrung und entscheidet maßgeblich über Qualität und Preis. Erntet man zu früh, hat der Vanillingehalt der Frucht noch nicht seinen Maximalwert erreicht, so dass die Vanilleschote während der sich anschließenden Fermentierung nicht ihr volles Aroma entwickeln kann. Erntet man zu spät, fangen die Früchte an aufzuplatzen und eignen sich dann nur noch zur Gewinnung von Vanillinextrakten. Da die einzelnen Orchideenblüten zu unterschiedlichen Zeitpunkten bestäubt wurden, werden die Schoten nie gleichzeitig reif. Die zur Ernte anstehenden Früchte müssen also täglich kontrolliert und gegebenenfalls gepflückt werden, so dass sich die Ernteperiode über drei Monate hinzieht.

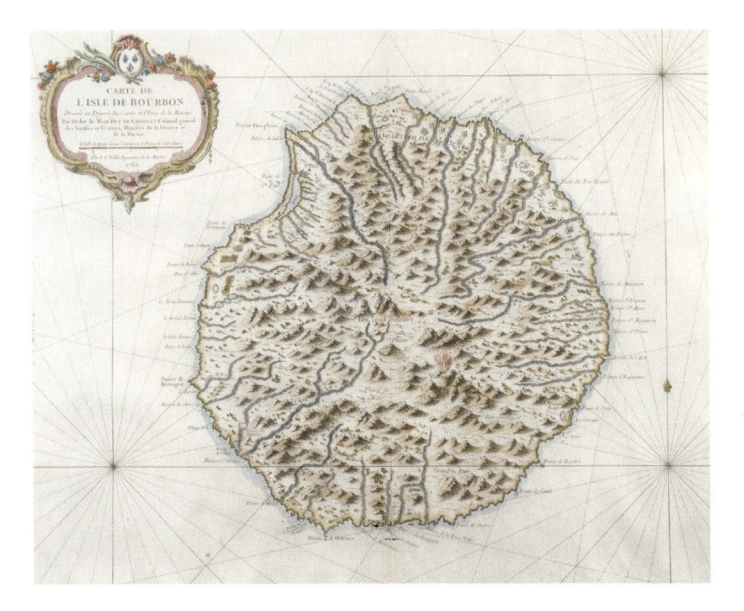

Wie man der Aromabildung nachhilft

Eigenartigerweise ist die grünlich-gelbe Vanilleschote direkt nach der Ernte völlig geschmack- und geruchlos. Wie bei der für die Parfümerie so wichtigen Veilchenwurzel *(Iridis)* wird die für Duft und Aroma verantwortliche Substanz, in unserem Falle das Vanillin, erst nach dem Tod der Pflanze, also postmortal produziert und tritt nur in den Schoten, nicht jedoch in anderen Teilen der Pflanze auf.

Das typische Aroma der Vanilleschote wird durch einen Fermentationsprozess freigesetzt, der

Karte der Île de Bourbon, *der heutigen, immer noch französischen Insel La Réunion, aus dem Jahr 1763. Nach dieser Insel wird Vanille aus den Anbaugebieten des Indischen Ozeans bis heute »Bourbon-Vanille« genannt. Ihr besonders harmonisches Aroma macht sie zur weltweit am meisten geschätzten Qualität. Photo: Musée de la Compagnie des Indes, Lorient*

spätestens zwei Tage nach der Ernte beginnen muss. Es gibt zwei verschiedene Verfahren, das mexikanische und das madegassische, die sich allerdings nicht prinzipiell, sondern nur im Detail unterscheiden. Bei beiden werden die Schoten hitzebehandelt, im einen Fall durch Liegenlassen in der Sonne, im andern durch Tauchen in heißes Wasser. Dadurch wird künstlich ein Welkprozess in Gang gesetzt. Anschließend müssen die Vanilleschoten »schwitzen«, wobei sie viel Feuchtigkeit verlieren. Solche Phasen des Trocknens und Schwitzens werden einige Tage lang im Wechsel wiederholt. Dabei schrumpfen die Schoten, verfärben sich braun und entwickeln allmählich das typische Vanillearoma. Um ein Kilogramm der braunen, fermentierten Schoten zu erhalten, sind vier Kilo Frischmaterial notwendig. Ziel des ganzen Aufbereitungsverfahrens ist es, unter optimalen Bedingungen einen Fermentationsprozess zu unterhalten, in dessen Verlauf die Aromastoffe der Vanille, die in den frischen Früchten glykosidisch, d. h. an Zuckermoleküle gebunden vorliegen, vom Zucker abgespalten und freigesetzt werden. Da diese Spaltung enzymatisch erfolgt, muss dafür gesorgt werden, dass die Enzyme bei gleich bleibend günstigen Temperaturen wirken können, und dass regelmäßig Wasser verdunsten kann, da die Schoten sonst schimmeln oder verfaulen würden. Die Kunst besteht also darin, ein sorgfältig kontrolliertes Welken zu erreichen, ohne je die Grenze zum Verwesen zu überschreiten. Schließlich wird die Vanille zwei bis drei Monate in gut belüfteten Lagerräumen getrocknet, von Hand nach Längen sortiert, gebündelt, in aromadichte Blechkisten gepackt und verschifft. Merkwürdigerweise gelten die längsten Schoten als die wertvollsten. Eine vernünftige Begründung für dieses Qualitätskriterium gibt es jedoch nicht, denn der qualitätsbestimmende Inhaltsstoff, das Vanillin, ist in längeren Früchten keineswegs konzentrierter vorhanden als in kürzeren Schoten.

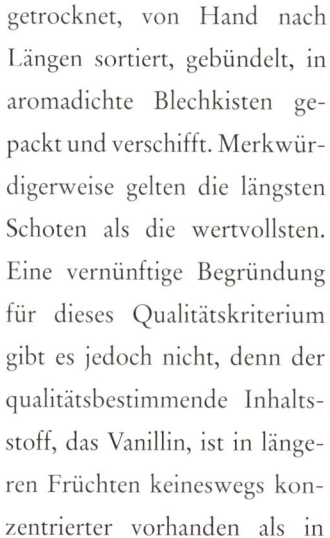

»Die fröhliche Tischzeit«, um 1760. Vanille galt besonders in Frankreich als unwiderstehliches Aphrodisiakum, das Annäherungsversuche über ein gemeinsam verzehrtes, mit Vanille gewürztes Gericht oder durch Verwendung eines mit Vanille aromatisierten Parfüms erleichtern sollte. Wie die meisten Aphrodisiaka, so wirkte auch dieses im Wesentlichen über die Kraft der Autosuggestion. Photo: Germanisches Nationalmuseum, Nürnberg

Startschuss für die Industrie künstlicher Aromen

Die Kultur der Vanille erfordert in allen Schritten des Anbaus und der Aufbereitung extrem viel Handarbeit. Das erklärt den seit jeher hohen Preis dieses Naturproduktes: Vanille ist nach Safran das teuerste Gewürz der Welt.

In Anbetracht der Preissituation wurde es in den Industrieländern als großer Erfolg gefeiert, dass man Vanillin, den Hauptaromabestandteil der Vanilleschoten, seit 1874 auch synthetisch herstellen kann. Weniger euphorisch reagierten die Plantagenbesitzer in den neuen Anbauländern auf diese Nachricht, denn die Veröffentlichung der Synthese fiel gerade in die Zeit, in der Frankreich und die Niederlande begonnen hatten, großflächig Vanillekulturen in ihren Kolonien im Indischen Ozean bzw. in Indonesien anzulegen.

Die Vanillinsynthese war zweifellos eine Pioniertat der organischen Chemie in der zweiten Hälfte des 19. Jahrhunderts. Diese junge Disziplin hatte sich dem Ziel verschrieben, nach und nach alle wirtschaftlich bedeutenden Naturstoffe, seien es Farb-, Arznei- oder Duftstoffe, synthetisch zugänglich und damit billiger zu machen. Besonders für jene Länder, die – wie Deutschland – kaum über eigene Kolonien als Rohstofflieferanten verfügten, waren solche Naturstoffsynthesen von größtem wirtschaftlichem Interesse. Es war mithin kein Zufall, dass viele davon, beispielsweise die Alizarin- und die Indigosynthese oder die Entwicklung des Kunstkautschuks, ausgerechnet in Deutschland gelangen. Die Stärke dieses rohstoffarmen Landes war sein gutes akademisches Ausbildungssystem, das zeitweilig besonders für seine Chemikerausbildung weltberühmt war. So konnten und mussten deutsche Chemiker manchen Rohstoffmangel ihres Heimatlandes durch elegante, von heimischen Ausgangsmaterialien ausgehende Synthesen kompensieren.

Die Vanillinsynthese gelang Wilhelm Haarmann (1847–1931), einem Schüler des in Berlin wirkenden bedeutenden deutschen Chemikers August Wilhelm Hofmann (1818–1892). Das Vanillin war der erste natürlich vorkommende Duftstoff, der synthetisch gewonnen werden konnte. Die technische Nutzung dieser Epoche machenden Synthese – vor dem Hintergrund der seit Mitte des 19. Jahrhunderts aufstrebenden europäischen Schokoladenindustrie von großem wirtschaftlichem Interesse – wurde zur Basis für die Entwicklung der Industrie synthetischer Duft- und Aromastoffe, die 1875 mit der Gründung von »Haarmann's Vanillinfabrik zu Holzminden an der Weser« ihren Anfang nahm.

Bei der Synthese des so genannten künstlichen Vanillins ging man anfangs von Coniferin aus, einer chemischen Substanz, die mühsam aus dem Kambialsaft von Tannen und Fichten isoliert werden musste. Diese Methode war umständlich und unlukrativ und hatte zur Folge, dass synthetisches Vanillin zunächst kaum billiger als das Naturprodukt war. Auch die

Das Vanillin-Kochbüchlein *von Lina Morgenstern (1830–1919), Gründerin des Hausfrauenvereins, Initiatorin der ersten Volksküchen sowie Herausgeberin der Deutschen Hausfrauenzeitung. Die Idee, mit einem Spezial-Kochbüchlein Werbung für ein industriell hergestelltes Nahrungsmittel zu machen, wurde 1870 erstmals von der Liebig's Extract of Meat Company realisiert. Die Firma Haarmann & Reimer kopierte die damals völlig neue und offensichtlich erfolgreiche Art der Werbung für ihren Vanillinzucker. Photo: Deutsches Museum, München*

anschließend entwickelte Synthese des Vanillins aus Guajakol, die im Labor gut funktionierte, bewährte sich in der Technik nicht, weil die erzielten Ausbeuten zu gering waren. Erst 1876 konnten die Anfangsschwierigkeiten als überwunden gelten. Haarmann, der Unternehmer, kooperierte intensiv mit Wissenschaftlern aus seinem alten Berliner Labor, insbesondere den Chemikern Ferdinand Tiemann (1848–1899), der wissenschaftlicher Berater und stiller Gesellschafter der Holzmindener Firma wurde, und Karl Reimer (1845–1883), der offiziell in die nunmehr in »Haarmann & Reimer« umbenannte Vanillinfabrik eintrat. Dank intensiver Forschung konnte man die Vanillinerzeugung schließlich auf das leicht zugängliche Eugenol, die Hauptaromakomponente des Nelkenöls, umstellen und damit der natürlichen Vanille preislich erstmals ernsthaft Konkurrenz machen. Kosteten die ersten Gramme künstlichen Vanillins noch sieben bis neun Mark – das Kilogramm mithin 7000 bis 9000 Mark –, so war das Kilogramm des aus Eugenol gewonnenen Produktes im Jahr 1885 schon für 750 Mark zu haben. Fünf Jahre später, als die Ausbeute dank des Isoeugenol-Verfahrens nochmals gesteigert werden konnte, lag der Preis bei 30 Mark. Schließlich wurde es möglich, den Preis des synthetischen Vanillins im Vergleich zum Naturprodukt um mehr als ein Zweihundertstel zu reduzieren.

Vorbehalte gegen das künstliche Vanillin

Neben technischen und finanziellen Problemen waren in der Frühzeit des synthetischen Vanillins aber auch noch psychologische zu überwinden. Ein künstlicher Aromastoff war damals etwas völlig Neues, auf das viele Kunden mit Misstrauen oder gar Ablehnung reagierten. Die Chemiker Haarmann und Reimer versuchten die allgemeinen Vorbehalte durch eine Veröffentlichung zu brechen, in der sie behaupteten, dass die einzige Aroma gebende Substanz der natürlichen Vanilleschote das Vanillin sei. Daraus folgerten sie, dass das Naturprodukt durch ihr synthetisches Vanillin vollwertig zu ersetzen sei. Heute wissen wir, dass diese Behauptung falsch ist: Die Harmonie des in Wirklichkeit extrem komplex zusammengesetzten, aus etwa 400 Komponenten bestehenden Vanille-Aromas lässt sich nicht durch eine einzige Komponente – das Vanillin – darstellen, selbst wenn dieses in der echten Vanilleschote der mengenmäßig dominierende Hauptaromaträger ist. Neben dem Hauptaromastoff Vanillin, das in einer Konzentration von 1,5 bis 2,5 % in der fermentierten Frucht enthalten ist und mitunter in Form weißer Nadeln auf der Oberfläche der Schoten auskristallisiert, tragen etwa 35, nur in sehr geringen Mengen vorhandene Inhaltsstoffe entscheidend zum typischen Vanillearoma bei.

Manuelle Bestäubung *auf Java, um 1920. Der ganze Vorgang dauerte nur wenige Sekunden. Photo: Königliches Tropeninstitut, Amsterdam*

Vanille

Haarmann und Reimer konnten mit den bescheidenen analytischen Mitteln ihrer Zeit jedoch kaum zu einem anderen Ergebnis gelangen als dem, dass Vanillin die einzige Aroma gebende Komponente der natürlichen Vanilleschote sei. Damals war noch nicht bekannt, dass auch Spuren von Substanzen einen ungeheuren Einfluss auf das Aroma haben können und dass ein natürliches Aroma nur äußerst selten aus einer oder wenigen Komponenten besteht.

Bis zu einem gewissen Grade gebrochen wurden die Vorbehalte gegen das künstliche Vanillin durch einen äußerst geschickten Marketingtrick: Die Holzmindener Firma beauftragte die seinerzeit berühmte Schriftstellerin und Kochbuchautorin Lina Morgenstern (1830–1909), ein kleines Vanillin-Kochbüchlein zu schreiben, bei dem jedes Rezept die Verwendung künstlichen Vanillins erforderte. Der Aromastoff wurde, gebrauchsfertig als Vanillin-Zucker-Zubereitung konfektioniert, in praktischen Drei-Gramm-Tütchen in den Handel gebracht, gerade der richtigen Menge, um 500 Gramm Mehl oder 1 Liter Milch zu aromatisieren.

Natürliches Vanillin ist gefragt

Die alten Vorbehalte gegen das synthetische Vanillin konnten jedoch nie völlig ausgeräumt werden. In unserer Zeit, in der sich Meldungen über Allergien häufen, die von Aromastoffen ausgelöst oder zumindest mitverursacht sein sollen, erhielten sie reichlich neue Nahrung, obwohl es sich im Falle des künstlichen Vanillins im lebensmittelrechtlichen Sinn um einen naturidentischen Aromastoff handelt. Als solche werden Aromastoffe bezeichnet, die den natürlichen chemisch gleichen, aber synthetisch gewonnen werden. Ganz von der Hand zu weisen sind Befürchtungen betreffs des allergenen Potenzials der Vanille übrigens nicht: Es gibt tatsächlich Vanille-Allergiker, und man weiß, dass Substanzen aus der chemischen Stoffklasse der Aldehyde, zu denen das Vanillin gehört, bei empfindlichen Personen sensibilisierend wirken können.

Die Aversionen der Verbraucher gegenüber naturidentischen, erst recht aber gegenüber künstlichen, in der Natur nicht vorkommenden Aromastoffen brachten die Industrie, die das vielseitig einsetzbare Vanillin in Mengen von mehr als 12 000 Tonnen pro Jahr verwendet, in große Bedrängnis. Der Einsatz natürlichen, aus echten Vanilleschoten isolierten Vanillins ist viel zu teuer und könnte den mittlerweile riesigen Bedarf auch gar nicht mehr decken: Aus den etwa 2000 Tonnen Vanilleschoten, die pro Jahr geerntet werden, lassen sich nämlich nur 40 Tonnen Vanillin extrahieren, ein Bruchteil des tatsächlichen Bedarfes.

Vanillin wurde schon 1876 *auf der Weltausstellung in Philadelphia in Form eines Vanillin-Zucker-Präparats angeboten und in der Folgezeit auf Ausstellungen mehrmals prämiert. Photo: Deutsches Museum, München*

Aus diesem Dilemma wies die Biotechnologie einen Weg: Hinter der Bezeichnung »natürlicher Aromastoff« darf sich nach unserer Gesetzgebung sowohl eine aus einem natürlichen Aromaträger, d. h. aus echten Vanilleschoten, isolierte als auch eine biotechnologisch hergestellte Substanz verbergen. Man mag diese Regelung als Etikettenschwindel oder zumindest missverständlichen Gebrauch der Bezeichnung »natürlich« bezeichnen oder nicht: Fest steht, dass das Prädikat »natürlicher Aromastoff« nach dem heutigen Sprachgebrauch keineswegs bedeutet, dass das betreffende Produkt tatsächlich aus jenem Rohmaterial isoliert wurde, in dem es in der Natur auch wirklich vorkommt, nämlich in erster Linie der Vanilleschote. »Natürlicher Aromastoff« bedeutet lediglich, dass dieser von irgendeinem Organismus, also irgendeiner Pflanze oder irgendeinem Bakterium, unter Verwendung von Naturstoffen als Ausgangsmaterial hergestellt wurde, also kein Syntheseprodukt ist. Beim so genannten natürlichen Vanillearoma muss zwar der Hauptteil der Komponenten aus echten Vanilleschoten stammen, der Rest kann aber beispielsweise aus Kakaoextrakt oder Mandelöl gewonnen werden, Naturprodukten, die ebenfalls Vanillin enthalten, jedoch in weit geringeren Mengen als echte Vanille. Glykosidisch gebundenes Vanillin kommt nämlich in einer Reihe von Pflanzen vor, so in Baumrinden, Ananas, in Spargelsprossen oder Kartoffelschalen. Die Frage ist nur, ob es sich wirtschaftlich rechnet, es aus solchen Quellen tatsächlich zu isolieren.

Jedenfalls beflügelte die offizielle Definition eines »natürlichen Aromastoffes« die Suche nach Verfahren, Vanillin biotechnologisch herzustellen. In den späten siebziger Jahren des 20. Jahrhunderts begann man in großem Maßstabe nach geeigneten Mikroorganismen und Enzymen zu fahnden. Dabei machten die deutschen Aromahersteller Zugeständnisse an die Vorbehalte hiesiger Verbraucher gegenüber der Gentechnik und sperrten sich von vornherein gegen die Verwendung gentechnisch optimierter Mikroorganismen.

Hochwertige Vanilleschoten *glänzen ölig, sind schokoladebraun, fleckenlos und saftig. Die Vanille baut sich, ähnlich einem guten Wein, während der Lagerung aus. Nach einigen Monaten treten aus den Schoten oft feine weiße Vanillinkristalle aus. Man sagt, die Vanille »givriert« (von frz. givre = Rauhreif). Photo: Aust & Hachmann, Hamburg*

Sieg der Biotechnologie

Seit 1991 ist Vanillin biotechnologisch in kommerziellen Mengen und in konstant guter Qualität zugänglich. Dieses Datum markiert in der Geschichte der Aromenindustrie einen ähnlichen Meilenstein wie das Jahr 1874, in dem die chemische Synthese des Vanillins gelang. Vanillin kann prinzipiell entweder durch mikrobielle Fermentation, durch isolierte Enzyme oder durch Zellkulturen von *Vanilla plani-*

Vanille

folia hergestellt werden. Letzteres Verfahren wird in der Praxis allerdings nicht genutzt: Zellkulturen liefern nur geringe Vanillin-Ausbeuten, wachsen viel zu langsam und sind überdies anfällig für Kontamination mit Fremdorganismen. Deshalb bevorzugt man Methoden, bei denen dem Vanillin strukturell bereits sehr ähnliche, leicht zugängliche Vorläufermoleküle als Substrat verwendet werden, die sich mit mikrobiellen oder enzymatischen Reaktionen zu Vanillin umsetzen lassen. Eine solche »Biotransformation« ist einer herkömmlichen chemischen Synthese in vielerlei Hinsicht überlegen. Als Ausgangsmaterial zur Vanillingewinnung mittels Biotransformation eignen sich verschiedene Stoffe. Wie bei der rein chemischen Synthese kann man beispielsweise vom Eugenol ausgehen, einer Substanz, die zu 85 bis 95 Prozent im Nelkenöl enthalten ist, und lässt dieses von einem Pseudomonas-Stamm in Ferulasäure umwandeln, die auch in der echten Vanilleschote ein Zwischenprodukt der Vanillin-Biosynthese ist. Die Schwierigkeit dieses Verfahrens besteht darin, dass Eugenol stark antibakteriell wirkt (deswegen wird es auch in der Zahnheilkunde eingesetzt), so dass man darauf achten muss, dass die verwendeten Mikroorganismen nicht vom Eugenol abgetötet werden. Man kann die wichtige Ferulasäure aber auch durch Extraktion von Reiskleie gewinnen, einem im Tonnenmaßstab erhältlichen billigen Abfallprodukt, das diese wichtige Verbindung – Kostenfragen sind für die Wirtschaftlichkeit einer Großproduktion immer entscheidend – in großen Mengen enthält. In einem zweiten Schritt wird die wie auch immer erhaltene Ferulasäure nun ihrerseits zu Vanillin umgesetzt. Dazu eignen sich verschiedene Mikroorganismen: Welcher Stamm und welche Mutante in der Praxis verwendet wird, ist das Geheimnis jeden Herstellers. Nach zweitägiger Fermentation werden die Zellen der Mikroorganismen aus der Nährlösung abgetrennt. Das Rohvanillin, das je nach Prozessführung mit Ausbeuten zwischen zwei und 20 Prozent und damit weit konzentrierter als in der Vanilleschote anfällt, wird extrahiert, gerei-

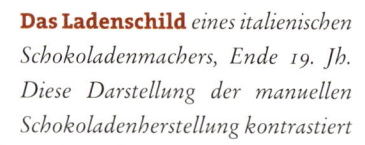

Das Ladenschild eines italienischen Schokoladenmachers, Ende 19. Jh. Diese Darstellung der manuellen Schokoladenherstellung kontrastiert mit der zunehmenden Industrialisierung der Schokoladefabrikation in der zweiten Hälfte des 19. Jahrhunderts. Der Arbeiter benutzt, wie bereits die alten Azteken, einen *metate*-Stein, um seinen Kakao zu mahlen. Auf dem Regal hinter ihm sind Bündel mit Vanillestangen zu erkennen, mit denen Schokolade traditionell aromatisiert wird. Der Umstand, dass die seit Mitte des 19. Jahrhunderts aufstrebende Schokoladenindustrie großen Bedarf an teurer Naturvanille hatte, spornte die Chemiker dazu an, nach einer kostengünstigen Synthese ihres Hauptaromastoffes zu suchen. Photo: Scala, Florenz

nigt, auskristallisiert und schließlich getrocknet. Die Reinheit des Endproduktes muss, diesen Standard haben sich die Hersteller selbst auferlegt, mindestens 98 Prozent betragen und damit der des naturidentischen Vanillins entsprechen.

Zusammenfassend lässt sich festhalten, dass Vanillin industriell heute nach zwei Verfahren gewonnen wird: einmal durch klassische chemische Synthese – dann muss es jedoch als »naturidentischer Aromastoff« deklariert werden – und parallel dazu durch biotechnologische Verfahren, die es erlauben, das Produkt als »natürlichen Aromastoff« zu vermarkten. Selbstverständlich lässt sich Vanillin auch aus dem Naturprodukt isolieren und darf dann ebenfalls als »natürlicher Aromastoff« bezeichnet werden.

Angesichts der Preise für echte Vanille ist das in den meisten Fällen allerdings unvertretbarer Luxus. Folglich verkauft man echte Vanille lieber naturbelassen als ganze Schote, z. B. an Privatverbraucher, Restaurants und gute Konditoreien, oder man gewinnt daraus teure Vanilleextrakte, die als »Vanilla-Absolue« vorzugsweise für exquisite Parfüms oder als Aromaextrakt zur Herstellung qualitativ hochwertiger Lebensmittel verwendet werden. Der Vorteil solcher Vanilleextrakte besteht darin, dass sie neben dem Hauptbestandteil Vanillin, der zu maximal 30 Prozent enthalten ist, auch noch einige andere, für das Aroma wichtige Komponenten der natürlichen Vanille enthalten.

Vanillearoma als Forschungsaufgabe

Bei allen Erfolgen ist man sich in der Aromenindustrie jedoch sehr bewusst, dass das Vanillin allein nicht das gesamte Vanillearoma verkörpert. Um in Aromen das harmonische Geschmacksbild der natürlichen Vanille wiederzugeben, sind zusätzlich einige Begleitstoffe des Vanillins erforderlich. Deshalb sind in hochwertigen Vanillearomen außer dem Vanillin selbst immer noch Spuren weiterer Verbindungen enthalten, z. B. Guajakol und Anisaldyhd. Obwohl beide Substanzen in der Naturvanille mit deutlich niedrigeren Konzentrationen als das Vanillin selbst enthalten sind, tragen sie ganz wesentlich zum »vollen« Vanillearoma bei. Welche und wie viele zusätzliche Komponenten zur »Abrundung« des Geschmacks zugesetzt werden, verraten die Aromenhersteller nicht. Die für jeden Anwender und jede Rezeptur individuell zusammengestellten, je nach Komplexitätsgrad unterschiedlich teuren Vanillearomen haben jedenfalls zur Folge, dass sich das Vanilleeis verschiedener Hersteller in der Tat deutlich im Geschmack unterscheiden kann. Die Palette reicht von buttrigen, cremigen, eigelbartigen, karamelligen, nussigen, malzigen bis hin zu holzigen Noten.

Um das vollständige Vanillearoma zu erhalten, müsste ein biotechnologisches Verfahren auf der Basis von Zellkulturen erarbeitet werden. Genau das ist aus Kostengründen aber nicht machbar. So bleibt dem Genießer, der sich am gesamten Vanillearoma erfreuen will, bis heute nur die Verwendung der teuren echten Vanilleschoten. Auch im Zeitalter der Biotechnologie ist es nicht möglich, das komplizierte Aroma der Naturvanille perfekt zu imitieren. Allerdings kommt man dem natürlichen Vorbild heute schon so nahe, dass ungeschulte Gaumen den Unterschied meist gar nicht bemerken.

▼ **An jeder Liane** werden zunächst etwa zehn Prozent mehr Blüten bestäubt, als zur Fruchtbildung vorgesehen sind. Schlecht gewachsene Schoten werden später entfernt. Photo: Aust & Hachmann, Hamburg

▼▼ **Die jungen Männer** sortieren das Erntegut nach Länge und Reifegrad. Photo: Claude Stadelmann, Genf

▶▲ **Die geernteten Schoten** werden in Strohkörben in ein
▶ **heißes Wasserbad** getaucht. Das typische Vanillearoma entwickelt sich erst im Verlauf des dadurch ausgelösten Fermentationsprozesses. Photos: Aust & Hachmann, Hamburg

◀ **Nach der Behandlung** mit heißem Wasser kommen die Vanilleschoten in mit Decken ausgeschlagene, gut schließende Kisten, um darin zu »schwitzen«. Nach einer Woche haben sie die bekannte braun-schwarze Farbe angenommen und sind weich und biegsam geworden. Photo: Aust & Hachmann, Hamburg

▼ **Die bereits gebräunten** Vanilleschoten werden immer wieder in der Sonne ausgebreitet, damit sie Feuchtigkeit ausschwitzen können. Früchte, die schimmeln oder faulen, werden aussortiert. Photo: Aust & Hachmann, Hamburg

Literatur

Achtnich, W.: Gewürze. In: Rehm, S.: Spezieller Pflanzenbau in den Tropen und Subtropen, Bd. 4, 2. Aufl., Stuttgart 1988

Andrews, J.: Peppers. The Domesticated Capsicums, 2. Aufl., Austin 1995

Ashtor, E.: Levant Trade in the Later Middle Ages, Princeton 1983

Bächtold-Stäubli, H.: Handwörterbuch des deutschen Aberglaubens, Berlin 1927–1942

Basker, D.; Negbi, M.: Uses of Saffron. In: Economic Botany 37 (1983), Nr. 2, S. 228–236

Beckmann, D.; Beckmann, B.: Alraun, Beifuß und andere Hexenkräuter. Alltagswissen vergangener Zeiten, Frankfurt (Main)/New York 1990

Berger, R.: Gelbwurzel hilft Magen und Leber. Curcuma longa – pflanzliches Arzneimittel mit Zukunft. In: PTA heute. Zeitschrift der DAZ für die Pharmazeutisch-technische Assistentin 15 (2001), Nr. 12, S. 42–47

Bicking, B.: Die Zimtwirtschaft auf Sri Lanka (Ceylon). Anbau und Vermarktung, historische Bindung und aktuelle Perspektiven eines traditionsgebundenen Produktes (= Mainzer Geographische Studien, H. 28), Mainz 1986

Bitsch, I.; Ehlert, T.; Ertzdorff, X. v.; Schulz, R. (Hrsg.): Essen und Trinken in Mittelalter und Neuzeit. Vorträge eines interdisziplinären Symposions vom 10.–13. Juni 1987 an der Justus-Liebig-Universität Gießen, Sigmaringen 1987

Boisvert, C.; Hubert, A.: L'ABCdaire des Épices, Paris 1998

Buckenhüskes, H. J.: Aktuelle Anforderungen an Paprikapulver für industrielle Verarbeitung. In: Zeitschrift für Arznei- und Gewürzpflanzen 4 (1999), S. 111–118

Burdach, K. J.: Geschmack und Geruch. Gustatorische, olfaktorische und trigeminale Wahrnehmung, Bern/Stuttgart/Toronto 1988

Camporesi, P.: Geheimnisse der Venus. Aphrodisiaka vergangener Zeiten, Frankfurt (Main)/New York 1991

Charlesworth, M. P.: Trade-Routes and Commerce of the Roman Empire, Cambridge 1924

Corbin, A: Pesthauch und Blütenduft. Eine Geschichte des Geruchs, Berlin 1984

Corn, Ch.: The Scents of Eden. A Narrative of the Spice Trade/New York/Tokyo/London 1998

Czygan, F.-Chr.: Ätherische Öle und Duft kulturhistorisch betrachtet. In: Pharmazie in unserer Zeit 10 (1981), Nr. 4, S. 109–121

Delaveau, P.: Les Épices. Histoire, description et usage des différents épices, aromates et condiments, Paris 1987

Denzel, M. A. (Hrsg.): Gewürze: Produktion, Handel und Konsum in der frühen Neuzeit (= Beiträge zum 2. Ernährungshistorischen Kolloquium im Landkreis Kulmbach), St. Katharinen 1999

Dominguez, O.: Der Gewürznelkenhandel in den Nord- und Zentralmolukken. Kulturelle Auswirkungen des Fremdeinflusses auf Ternate, Ambon und den Lease-Inseln (= Kulturen im Wandel Bd. 2), Pfaffenweiler 1997

Domrös, M.: Die Gewürzpflanzen auf Ceylon. Ihre kulturgeschichtliche und wirtschaftsgeographische Relevanz, Wiesbaden 1973

Driessche, É.v. (Hrsg.): Saveurs de paradis. Les routes des épices. Katalog der gleichnamigen Ausstellung in der Galerie CGER Brüssel 27.3.1992–14.6.1992, Brüssel 1992

Falch, B.; Reichling, J.; Saller, R.: Ingwer – nicht nur ein Gewürz. In: Deutsche Apotheker Zeitung 137 (1997), Nr. 47, S. 4267–4278

Fintelmann, V.; Wegener, T.: Gelbwurzel – eine unterschätzte Heilpflanze. In: Deutsche Apotheker Zeitung 141 (2001), Nr. 32, S. 3735–3743

Fisher, J.: The Origin of Garden Plants, London 1982

Flandrin, J. L.; Montanari, M. (Hrsg.): Histoire de l'alimentation, Paris 1996

Foster, N.; Cordell, L. S.: Chilies to Chocolate. Food the Americas gave the World, Tucson/London 1992

Freiburghaus, F.; Meyer, P.; Pfander, H.: Geheimnisse des Safrans. In: Naturwissenschaftliche Rundschau 51 (1998), Heft 3, S. 91–95

Frerick, H.: Capsaicinoide. Therapieoption bei chronischen Rückenschmerzen. In: Pharmazeutische Zeitung 146 (2001), Nr. 33, S. 28–31

Gallwitz, E.: Kleiner Kräutergarten. Kräuter und Blumen bei den Alten Meistern im Städel, Frankfurt (Main)/Leipzig 1992

Gerhardt, U.: Gewürze in der Lebensmittelindustrie. Eigenschaften, Technologien, Verwendung, 2. Aufl., Hamburg 1994

Germer, St.; Franz, G.: Ingwer – eine vielseitige Arzneidroge. In: Deutsche Apotheker Zeitung 137 (1997), Nr. 47, S. 4260–4266

Glatzel, H.: Die Gewürze. Ihre Wirkungen auf den gesunden und kranken Menschen, Herford 1968

Gööck, R.: Das Buch der Gewürze. Das umfassende Standardwerk der Gewürze, Kräuter und Würzmittel, München 1981

Hänsel, R.; Keller, K.; Rimpler, H.; Schneider, G. (Hrsg.): Hagers Handbuch der Pharmazeutischen Praxis, Bd. 4–6, 5. Aufl., Berlin/Heidelberg/New York 1992–1994

Haerkötter, G.; Haerkötter, M.: Hexenfurz und Teufelsdreck. Liebes-, Heil- und Giftkräuter: Hexereien, Rezepte und Geschichten, Frankfurt/Main 1986

Haerkötter, G.; Haerkötter, M.: Wüterich + Hexenmilch. Giftpflanzen. Beschreibung, Wirkung, Geschichten, Frankfurt/Main 1991

Hansi, H.: Zum Beispiel Gewürze, Göttingen 1997

Heilmann, K. E.: Kräuterbücher in Bild und Geschichte, Grünwald b. München 1964

Heinemann, E.: Hexen und Hexenglauben, Frankfurt (Main)/New York 1986

Hengartner, Th.; Merki, Chr. M. (Hrsg.): Genußmittel. Ein kulturgeschichtliches Handbuch, Frankfurt (Main)/New York 1999

Hennebo, D.: Gärten des Mittelalters, München/Zürich 1987

Hesse, M.: Alkaloide. Fluch oder Segen der Natur?, Weinheim/New York 2000

Literatur

Howe, S.: Les grands navigateurs à la recherche des épices, Paris 1939

Huyghe, E.; Huyghe, F.-B.: Les coureurs d'épices, Paris 1996

Ilyas, M.: The Spices of India II. In: Economic Botany 32 (1978), Nr. 3, S. 238–263; The Spices in India III. In: Economic Botany 34 (1980), Nr. 3, S. 236–259

Jacobs, E.M.: Koopman in Azië. De handel van de Verenigde Oost-Indische Compagnie tijdens de 18de eeuw, Zutphen 2000

Jacobs, E. M.: In Pursuit of Pepper and Tea. The Story of the Dutch East India Company, Amsterdam 1991

Jakits, M.: Safran – rotes Gold aus einem schlichten lila Krokus. In: Pharmazeutische Zeitung 137 (1992), Nr. 20, S. 9–14

Junkelmann, M.: Panis militaris. Die Ernährung des römischen Soldaten oder der Grundstoff der Macht (= Kulturgeschichte der antiken Welt Bd. 75), 2. Aufl., Mainz 1997

Keil, G.: Hortus Sanitatis, Gart der Gesundheit, Gaerde der Sunthede. In: MacDougall, E.B. (Hrsg.): Medieval Gardens (= Dumbarton Oaks Colloquium on the History of Landscape Architecture 9), Washington D.C. 1986, S. 55–68

Kellenbenz, H.: Gewerbe und Handel am Ausgang des Mittelalters. In: Pfeiffer, G. (Hrsg.): Nürnberg – Geschichte einer europäischen Stadt, München 1971, S. 176–186

Keller, A.: Die Abortiva in der römischen Kaiserzeit (= Quellen und Studien zur Geschichte der Pharmazie, Bd. 46), Stuttgart 1988

Kieckhefer, R.: Magie im Mittelalter, München 1992

Kleinert, J.: Vanille und Vanillin. In: Gordian 63 (1963), Nr. 1509, S. 809–814; Nr. 1510, S. 840–854

Koelner, P.: Die Safranzunft zu Basel und ihre Handwerke und Gewerbe, Basel 1935

Krützfeldt, K.: Pfeffer als Gewürz und Arzneimittel. In: Deutsche Apotheker Zeitung 141 (2001), Nr. 51/52, S. 42–48

Küster, H.: Wo der Pfeffer wächst. Ein Lexikon zur Kulturgeschichte der Gewürze, München 1987

Laurioux, B.: De l'usage des épices dans l'alimentation médiévale. In: Médiévales 5 (1983), S. 15–31

Laurioux, B.: Tafelfreuden im Mittelalter. Kulturgeschichte des Essens und Trinkens in Bildern und Dokumenten, Stuttgart/Zürich 1992

Leibrock-Plehn, L.: Hexenkräuter oder Arznei. Die Abtreibungsmittel im 16. und 17. Jahrhundert, Stuttgart 1992

Lemmer, M.; Schultz, E.-L. (Hrsg.): Die lêre von der kocherie. Von mittelalterlichem Kochen und Speisen, Leipzig 1980

MacDougall, E. B. (Hrsg.): Medieval Gardens (= Dumbarton Oaks Colloquium on the History of Landscape Architecture 9), Washington D.C. 1986

Malleret, L.: Pierre Poivre (= Publications de l'Ecole Française d'Extrême-Orient 92), Paris 1971

Mahn, M. : Gewürze. Geschichte – Handel – Küche, Stuttgart 2001

Manniche, L.: An Ancient Egyptian Herbal, 2. Aufl., London 1999

Manniche, L.: Ancient Luxuries. Fragrance, Aromatherapy and Make-up in Pharaonic Egypt, London 1999

Melchior, H.; Kastner, H.: Gewürze. Botanische und chemische Untersuchung (= Grundlagen und Fortschritte der Lebensmitteluntersuchung Bd. 2), Berlin/Hamburg 1974

Mennell, St.: Die Kultivierung des Appetits. Die Geschichte des Essens vom Mittelalter bis heute, Frankfurt/Main 1988

Merzenich, B.: Gewürze. Konsequenzen des Geschmacks. Gemeinsam hrsg. mit der Gesellschaft zur Förderung der Partnerschaft mit der Dritten Welt, 2. Aufl., Wuppertal 1986

Milton, G.: Muskatnuss und Musketen. Europas Wettlauf nach Ostindien, Wien 2001

Molter, T.: Ungarischer Gewürzpaprika. Seine Geschichte von Mittelamerika bis Europa. In: Jahrbuch der Wittheit zu Bremen 19 (1975), S. 199–205

Montanari, M.: Der Hunger und der Überfluss. Kulturgeschichte der Ernährung in Europa, München 1993

Moulin, L.: Augenlust & Tafelfreuden. Essen und Trinken in Europa – Eine Kulturgeschichte, Steinhagen 1989

Müller, I.: Die pflanzlichen Heilmittel bei Hildegard von Bingen, Salzburg 1982

Naj, A.: Peppers: A Story of Hot Persuits, New York 1992

Nissen, C.: Die botanische Buchillustration, ihre Geschichte und Bibliographie, 3 Bde., Stuttgart 1966

Norman, J.: Das große Buch der Gewürze, 6. Aufl., Aarau/Stuttgart 1999

Ohloff, G.: Irdische Düfte, himmlische Lust. Eine Kulturgeschichte der Duftstoffe, Frankfurt (Main)/Leipzig 1996

Paczensky, G. v.; Dünnebier, A.: Kulturgeschichte des Essens und Trinkens, München 1994

Palevitch, D.; Craker, L. E.: Nutritional and Medical Importance of Red Pepper (Capsicum spec.). In: Journal of Herbs, Spices & Medicinal Plants 3 (1995), Nr. 2, S. 55–83

Pearson, M.N. (Hrsg.): Spices in the Indian Ocean World (An Expanding World. The European Impact on World History 1450–1800, Bd. 11), Aldershot 1996

Pfänder, H.J.; Frohne, D.: Szechuan-Pfeffer. Die Früchte von Zanthoxylum piperitum DC (Rutaceae). In: Deutsche Apotheker Zeitung 127 (1987), Nr. 46, S. 2381–2384

Pfeiffer, G. (Hrsg): Nürnberg – Geschichte einer europäischen Stadt, München 1971

Plattig, K.-H.: Spürnasen und Feinschmecker. Die chemischen Sinne des Menschen, Berlin/Heidelberg/New York 1995

Rätsch, Chr.: Pflanzen der Liebe. Aphrodisiaka in Mythos, Geschichte und Gegenwart, Bern/Stuttgart 1990

Rätsch, Chr.: Lexikon der Zauberpflanzen aus ethnologischer Sicht, Graz 1988

Ramachandra Rao, S.; Ravishanka, G. A.: Vanilla Flavour: Production by Conventional and Biotechnological Routes. In: Journal of the Science of Food and Agriculture 80 (2000), S. 289–304

Literatur

Reinhard, W.: Geschichte der europäischen Expansion. Bd. 1: Die Alte Welt bis 1818, Stuttgart/Berlin/Köln/Mainz 1983

Riddle, J. M.: The Introduction of Eastern Drugs in the Early Middle Ages. In: Sudhoffs Archiv 49 (1965), S. 185–198

Riddle, J. M.: »Pseudo-Dioscorides« Ex herbis femininis and Early Medieval Medical Botany. In: Journal of the History of Botany 14 (1981), S. 43–81

Riddle, J. M.: Dioscorides on Pharmacy and Medicine, Austin 1985

Riddle, J. M.: Contraception and Abortion from the Ancient World to the Renaissance, Cambridge (Mass.)/London 1992

Riddle, J. M.: Eve's Herbs. A History of Contraception and Abortion in the West, Cambridge (Mass.)/London 1997

Rippmann, D.; Neumeister-Taroni, B. (Hrsg.): Gesellschaft und Ernährung um 1000. Eine Archäologie des Essens (= Begleitband zur Ausstellung »Les mangeurs de l'an 1000« im Alimentarium, Museum der Ernährung), Vevey 2000

Schipperges, H.: Der Garten der Gesundheit. Medizin im Mittelalter, München 1990

Schivelbusch, W.: Das Paradies, der Geschmack und die Vernunft. Eine Geschichte der Genussmittel, Frankfurt (Main)/Berlin/Wien 1983

Schlegelmich, U.: Die Namen der Nelke. In: Übersee-Magazin: Menschen, Völker & Kulturen 8 (1995), S. 150–151; Das Gold, das auf den Bäumen wächst. In: ebenda, S. 152–155; Die Molukken. Inseln der Gewürze. In: ebenda, S. 156–162; Mauritius – Ile de France – Mauritius. Die Königin auf dem Schachbrett Indischer Ozean. In: ebenda, S. 168-171

Schmitt, E.; Schleich, Th.; Beck, Th. (Hrsg.): Kaufleute als Kolonialherren: Die Handelswelt der Niederländer vom Kap der Guten Hoffnung bis Nagasaki 1600–1800 (= Schriften der Universitätsbibliothek Bamberg, hrsg. von D. Karasek, Bd. 6), Bamberg 1988

Schmitt, E.: Pfeffer. Vom Reichtum an Gewürzen. In: Kultur & Technik. Zeitschrift des Deutschen Museums 12 (1988), Nr. 4, S. 214–220

Schmitz, R.: Geschichte der Pharmazie, Bd. 1: Von den Anfängen bis zum Ausgang des Mittelalters, Eschborn 1998

Schneider, E.: Arzneipflanzen der Neuen Welt. 500 Jahre Entdeckung Amerikas. In: Pharmazie in unserer Zeit 2 (1993), Nr. 1, S. 15–24

Schneider, G.; Hiller, K.: Arzneidrogen, 4. Aufl., Heidelberg/Berlin 1999

Schneider, P.: »Nürnbergisch gerecht geschaut Gut«. Nürnberger Schauanstalten im Mittelalter (= Nürnberger Beiträge zu den Wirtschafts- und Sozialwissenschaften, H. 77), Nürnberg 1940

Schröder, R.: Kaffee, Tee und Kardamom. Tropische Genussmittel und Gewürze. Geschichte, Verbreitung, Anbau, Ernte, Aufbereitung, Stuttgart 1991

Seidemann, J.: Würzmittel-Lexikon. Ein alphabetisches Nachschlagewerk von Abelmoschussamen bis Zwiebeln, Hamburg 1993

Seidemann, J.: Zeittafeln zur Geschichte von Gewürzen und anderen Würzmitteln (Selbstverlag), 2. Aufl., Potsdam 1997

Seidemann, J.: Gefälschte Gewürze. Safran auf marokkanisch. In: Pharmazeutische Zeitung 145 (2000), Nr. 16, S. 28–30

Siewek, F.: Exotische Gewürze. Herkunft, Verwendung, Inhaltsstoffe, Basel/Boston/Berlin 1990

Smollich, R.: Der Bisamapfel in Kunst und Wissenschaft (= Quellen und Studien zur Geschichte der Pharmazie Bd. 21), Stuttgart 1983

Stahl, E.: Rosa Pfeffer, ein gefährliches, exotisches Gewürz? In: Deutsche Apotheker Zeitung 122 (1982), Nr. 7, S. 337–340

Stannard, J.: Alimentary and Medicinal Uses of Plants. In: MacDougall, E. B. (Hrsg.): Medieval Gardens (= Dumbarton Oaks Colloquium on the History of Landscape Architecture 9), Washington D.C. 1986, S. 69–91

Steengaard, N.: The Asian Trade Revolution of the Seventeenth Century. The East Indian Companies and the Decline of the Caravan Trade, Chicago 1974

Stella, A.: Das Buch der Gewürze, München 1999

Stevens, H.: Dutch Enterprise and the VOC (1602–1799), Amsterdam 1998

Swahn, J.O.: The Lore of Spices. Their history, nature and uses around the world, Gothenburg 1991

Tannahill, R.: Kulturgeschichte des Essens. Von der letzten Eiszeit bis heute, Wien/Berlin 1976

Teuscher, E.: Biogene Arzneimittel, 5. Aufl., Stuttgart 1997

Teuteberg, H. J.: Gewürze. In: Hengartner, Th.; Merki, Chr. M. (Hrsg.): Genussmittel. Ein kulturgeschichtliches Handbuch, Frankfurt (Main)/New York 1999, S. 267–292

Thüry, G. E.; Walter, J.: Condimenta. Gewürzpflanzen in Koch- und Backrezepten aus der römischen Antike (= Römische Küchenpflanzen I, hrsg. von M. Kiehn, Institut für Botanik und Botanischer Garten der Universität Wien), 4. Aufl., Herrschung 2001

Toussaint-Samat, M.: A History of Food, Cambridge 1992

Vogellehner, D.: Garten und Pflanzen im Mittelalter (= Deutsche Agrargeschichte 6). In: Franz, G.: Geschichte des deutschen Gartenbaus, Stuttgart 1984, S. 69–98

Wagner, H.: Pharmazeutische Biologie, Bd. 2: Drogen und ihre Inhaltsstoffe, Stuttgart/New York 1993

Warmington, E. H.: The Commerce between the Roman Empire and India, 2. Aufl., London/New York 1974

Weeber, K.-W.: Die Weinkultur der Römer, Zürich 1993

Wichtl, M. (Hrsg.): Teedrogen und Phytopharmaka, 3. Aufl., Stuttgart 1997

Wiswe, H.: Kulturgeschichte der Kochkunst. Kochbücher und Rezepte aus zwei Jahrtausenden mit einem lexikalischen Anhang zur Fachsprache von E. Hepp, München 1970

Wo der Pfeffer wächst. Ein Festival der Kräuter und Gewürze. Begleitheft zur gleichnamigen Ausstellung im Palmengarten der Stadt Frankfurt am Main 5.5.2000–27.8.2000, Sonderheft 32, Frankfurt/Main 2000

Zoschke, H.: Das Chili Pepper Buch. Anbau, Rezepte, Wissenswertes, Schönberg 1997